培養高手思維的基礎讀本，
拒絕讓別人的常識成為你的常識

哲學，
可以吃嗎？

Michael Schmidt-Salomon & Lea Salomon

米歇爾‧施密特—索羅門＆莉亞‧索羅門 ——著

王榮輝——譯

Leibniz
war kein
Butterkeks

各界推薦

　　本書透過父女對話的方式介紹了哲學中幾個最重要的領域：形上學、知識論、宗教哲學以及倫理學。全書分節仔細，每節處理一個論題，猶如一堂堂的哲學課。作者行文活潑有趣，講解深入淺出，非常值得推薦給沒有哲學基礎但想理解哲學這門學問的讀者。作者所採用的對話體裁呼應了柏拉圖的《對話錄》，搭配父女間妙趣橫生與機智的對話，讓全書洋溢著平易近人的色彩。

——林斯諺／文化大學哲學系助理教授

　　現代人總是把哲學當作是一門高不可及而冷門的學術來看待，然而作為一個哲學諮商師，我相信哲學是一種專業技能，就像頭腦的水電工那樣，可以疏通嚴重堵塞的思路。作為一個哲學的踐行者，我更相信哲學是一種應用在每天生活上的態度，就像通樂那樣，自己養成固定清理頭腦裡雜物的好習慣，幫助我們不要堵塞。因為思考就像心臟和肺，是只要活著，呼吸著，生活著，就一定會用到的工具。

——褚士瑩／作家、國際 NGO 工作者

　　生活般的父女對話，帶出最重要的諸多哲學議題，不要弄語言，沒有艱澀論證，而是根據現有宇宙學、遺傳學、動物行為研究、認知科學、人類學、考古學等科學知識，扎扎實實地進行深度思辯。主題廣及：生命的意義、如何幸福、科學本質、死後世

界、努力或命定、理性與放縱，非常精彩。最最不能錯過的，是
書中「所有」關於宗教的討論！

——蔡依橙／醫師、新思惟國際創辦人

從「我可以驕傲嗎？」談自由意志與因果決定論，從「我該
全面拒絕菸酒嗎？」談理性、創造力與愛情，從「自殺與安樂死」
談生命與醫療倫理。透過作者父女一連串的「真心話大冒險」，
讀者將逐漸進入一個魅力十足的思辨世界。很多時候你可能會對
哲學老爸的說法感到吃驚，甚至產生「可以這樣教小孩嗎？」的
疑惑——恭喜你，你已經初嚐哲學的神奇滋味囉！

——鄭凱元／哲學新媒體共同創辦人暨執行長

怎麼會想到要寫這本書

　　擁有會「吐槽」你的子女是一件多麼美好的事！若非如此，我們恐怕還會更常自欺欺人。就拿我自己來說，我總是深信自己所寫的書，有別於其他許多的作者，「人人都看得懂」。幸好，我的寶貝女兒讓我對這種自以為是的想法徹底改觀……

　　「天啊，老爸！」莉亞一邊大喊，一邊走進我的辦公室。

　　「又怎麼了？」我問。

　　「你的新書……」她口裡唸唸有詞：「你能不能偶爾也換換口味，改去寫點讓人一看就懂的東西啊？我的意思是，不需要一大堆字典輔助就能看懂的東西！」

　　「喂，妳自己要在學校裡打混，我也幫不了妳啊！」我試圖開個玩笑，只不過，幽默裡還夾雜了一點煙硝味。

　　「你覺得我很笨嗎 ?!」我立刻就被還以顏色。

　　「不，當然不是！不過，看這種書，本來就是需要一定程度的基本知識啊！況且，如果妳連我寫的書都覺得難，那麼妳不妨去讀讀看黑格爾（Georg Wilhelm Friedrich Hegel）、海德格（Martin Heidegger）或哈伯瑪斯（Jürgen Habermas）的作品，保證會讓妳大開眼界！」

　　「要是它們更難理解，我幹嘛要去讀它們呢？你們這些哲學家真的很奇怪耶……」

「為什麼？」我問。

「你想想看，要是有家飲料製造商發現，消費者都不買他們家生產的汽水，難道這家廠商會說：『這些愚蠢的消費者真是很冥頑不靈。算了，我們還是堅持我們的配方！』才不會呢，這家廠商肯定會嘗試推出新口味，直到消費者願意買單。」莉亞咧嘴一笑：「每個人都曉得，這樣才合理。只有你們哲學家顯然不懂這個道理，也難怪幾乎沒有人對你們感興趣。」

這話說得著實令人傷心！遺憾的是，我得承認莉亞所說的，在某種程度上的確沒錯，還好我也沒那麼玻璃心。「也許這是個涉及到『目標族群』的問題。」我說：「無論是飲料製造商，還是哲學家，人畢竟無法把自己的產品推銷給所有的人……」

「所以你認為，我不算是你的『目標族群』嗎？你怎麼會這麼想呢？你所鑽研的，不就是那些與人生有關的大問題，像是我們是誰、我們來自哪裡、我們如何找到美好的人生之類的問題。這些問題跟『所有』的人都息息相關，不是嗎？所以，我想問你的是，為何你不能把你的書寫得讓『所有』的人都能看懂呢？」

「這樣啊，我其實已經努力地把書寫得盡可能淺顯易懂。」我試著為自己辯護。

莉亞嘲笑說：「你知不知道，在一張工作證明書上寫著：『他確實付出了很大的心力……』代表什麼嗎？這代表這個人根本沒能把事情做好；說難聽一點，這個人根本就是個『飯桶』！」

「好吧，也許妳說到了重點。」我說：「我是個飯桶，就是無法把這件事情做得更好！」

「才怪！」她反駁道。「我知道你可以的！每當我和你討論一些哲學的問題時，我馬上就能理解，那到底是在說些什麼。可

是當我去讀你寫的書，我往往就會看得一頭霧水！我想問你的是：為何你不寫一本正如我們閒聊時那麼簡單易懂的書呢？」

在第一時間裡，這個建議讓我訝異到不曉得該回答什麼才好。基本上，這的確是個相當不錯的建議！我越想就越覺得這是好點子，過了一會兒，我開口問莉亞：「妳願不願意幫我寫出一本這樣的書呢？」

「誰？我嗎？我怎麼幫得了你？我對哲學根本一點概念也沒有！」

「正是如此！妳和我不一樣，要是有什麼不容易理解或無聊得要死的東西，妳馬上就會發現。」

「所以我得擔任所有『哲學傻瓜』的代表，為所有對這個領域一無所知的『哲學白癡』喉舌，或是為那些看見哲學書籍就退避三舍、翻閱哲學書籍就哈欠連連的大眾發聲嗎？」莉亞笑道：「OK，我想這件事我能做得很好！只不過，我幫你的忙，對我有什麼好處呢？」

「妳是指，除了能有機會跟妳老爹聊聊天，然後對人生、宇宙和其他的事物有更深入的認識以外，還能得到什麼嗎？好吧，這本書的部分收入將歸妳，可以吧！」

「真的嗎？那麼我的名字，也能和你的名字一樣，印在這本書的封面上嗎？」

「當然可以！」我說。

「酷！」她高興地伸出手說道：「算我一份！」

我一邊說著「一言為定」，一邊跟她擊掌。

撰寫這本書的點子就是這麼產生的。這本書是為了那些害怕

閱讀哲學長篇大論的人所寫；也是為了所有在日常生活中沒有時間去研究哲學、但偶爾也想讀些內容豐富且輕鬆有趣的東西的人所寫。更是為了所有通曉哲學的人所寫，只要他們樂於閱讀將抽象的概念化為簡明、扼要的語句。簡言之，這本書適合所有偶爾允許自己奢侈地思索一下生存在宇宙中這顆「塵粒」上的意義與無意義的人。

基本上，我們每個人都會以某種方式來做這樣的事。因為，大家難道不曾問過自己，所有的一切到底是怎麼回事呢？什麼事情值得與生活息息相關的一切努力呢？如果仔細地去觀察一下，不難發現，我們其實都是「天生的哲學家」，我們都被宣判，必須為生命的大問題尋找屬於我們自己的小答案。

像我這樣的「職業哲學家」，和「天生的哲學家」差別只在於，我們享有更有系統地去思索問題的「特權」，甚至可以藉此餬口。在我看來，既然我們這些職業哲學家享有這樣的特權，我們理應用盡可能更簡單、易懂的方式來貢獻我們的思考成果，以做為這種特權的回饋，而不是用一些超複雜的措辭去嚇唬社會大眾。

幸虧，早在兩千五百年前，古希臘人就發現了一種可以很簡單地傳遞各種哲學見解的方法。他們不用冗長且複雜的文章來折磨讀者，而是把自己的哲學包裝在有趣的對話裡。儘管長久以來我始終極為重視那些上古時期的哲學對話，不過奇怪的是，我卻從沒想過也來試試這樣的方法。若要這麼做，顯然需要有個幫忙「抬槓」、「答嘴鼓」的人；感謝莉亞的熱情相挺。無論如何，借她之助，我學到了許多自己從前有點不明白的東西。特別是，她讓我了解到，當「一般民眾」（在莉亞看來，我不能歸於「一

般」）碰上「哲學家的密語」時，他們會遇到什麼問題。

　　我們父女倆都希望，能夠或多或少幫助大家激發出對於狂放不羈的哲思的渴望。畢竟，德國哲學家康德（Immanuel Kant）在十八世紀時所說過的話「要有勇氣使用你自己的理智」，這樣的呼籲至今依然不退流行。無論如何，我們不該把主導權交給專家，讓他們去幫我們判斷生命的意義與無意義。且讓我們自己對這個世界發出屬於我們自己的詠嘆！這麼做或許會比盲目地接受那些由來已久的信仰辛苦許多，然而，無論如何，這樣的辛苦都是值得的。因為「思考」不僅比「人云亦云」來得更加「理性」，而且還能創造出更多的「樂趣」！

莉亞・索羅門＆米歇爾・施密特──索羅門

1

關於生命、宇宙和其餘的一切

「我很訝異於那些想要理解宇宙的人，因為光是要搞懂唐人街就已經夠難了！」

伍迪・艾倫（Woody Allen，1935～）
美國電影導演、演員暨作家

「有一個理論是說，每當有人發現，宇宙為了什麼目的存在在那裡、它為何存在在那裡，它就會立刻消失，而且會有更奇怪、更無法理解的東西來取代它。根據另一個理論，這種事情其實早已發生。」

道格拉斯・亞當斯（Douglas Adams，1952～2001）
英國作家

我們之所以存在，
是不是有什麼理由？

米歇爾：俗話說，萬事起頭難。這個道理同樣也適用於哲學討論。對於我們該從什麼題目開始，妳有沒有什麼想法？有沒有什麼問題是妳特別感興趣的？

莉亞：有喔！事實上，我想問的是兩個問題：第一，我們之所以存在，是不是有什麼理由？第二，到底為什麼會有東西存在，而不是什麼東西都不存在呢？

哇，妳一下子就火力全開！這兩個問題或許是，在所有晦暗不明的問題中，最晦暗不明的問題。妳真的確定，我們一開始就要處理這麼難的主題嗎？

非要不可！

好吧，既然如此，我們就先從「妳」存在的原因開始，這妳應該知道吧，不是嗎？

當然！原因在於媽媽和你，你們在柏林圍牆倒塌的興奮中，忘了做好避孕措施，九個月之後，我就呱呱墜地！

嗯，是啦……但這並非我真正想要表達的；不過，妳說得倒也沒錯，妳確實是在一九八九年十一月那段風雲變色的日子裡被「製造」出來，正當我們不知何故覺得「啥咪攏不驚」。

那的確是段美好的故事，但是它完全沒有回答到我的問題！我剛剛問你的不是「為何『我』會存在」，我所問的是，到底為什麼會有東西存在。你別以為用這麼簡單的答案就能打發我！

好、好、好……就讓我再挖點東西出來。據我們所知，在一百三十七億年前，在一場巨大的宇宙爆炸過程中，也就是所謂的「大爆炸」（big bang），產生了我們已知的種種物質。大爆炸所產生的巨型氣體塵埃雲，在大約一百二十億年前，形成了首批的星體……

停！這個故事我也知道：在四十五億年前，開始了我們這個太陽的生命週期。感謝太陽提供給地球的能量，在地球上發展出了最初的原始生命形式。由這些原始的生命出發，在演化的過程中，產生出了無數的物種，其中也包括了如今的人類。

沒錯。

所以，你是不是想說：之所以會有東西存在，我們得要把它歸功於「大爆炸」？事情應該沒有那麼簡單吧！關鍵的問題應該是：「誰」或「什麼」引發了這場大爆炸？

要是我知道的話，我肯定會得到諾貝爾物理獎！至今為止，我們還是不曉得，在大爆炸之前存在著些什麼，或者，在它之前到底有沒有東西存在。有些人認為，大爆炸確實是所有存在的絕對起點。有些人認為，大爆炸只是某個先前的宇宙崩潰的結果。另有一些人則認為，在大爆炸之前存在著某種靜止的狀態、某種「永恆的真空」。總之，有許多不同的解釋模型。

所以，如果我們無法確知這一切，大爆炸難道不也有可能是由某個神明所引發，不是嗎？

許多事情都有很大的想像空間。可能真是某個神明，也有可能是來自另一次元的瘋狂電腦程式編寫團隊，他們之所以創造出我們這個宇宙，只不過是想要開個小玩笑。

你的意思是，我們只是某個大型電腦軟體的一部分嗎？就像電影
《駭客任務》那樣？

　　我的意思只是，這也是「可以想像的」。同樣也有可能我們
　　的整個宇宙，其實只是某個巨大的有機體裡的一個微小的原
　　子，這個有機體的規模遠遠超過我們的想像力。也許我們其
　　實只是活在某個名叫「卡卡・谷格胡爾茨」的隱形精靈的消
　　化道裡，大爆炸不過只是我們在一場巨大的、宇宙級的脹氣
　　裡所能感受到的效應。

你這是在惡搞我吧！

　　對！不過，我主要是想藉此突顯出，這樣任意的猜測對我們
　　一點幫助也沒有。因為，就算我們知道，大爆炸確實是由某
　　個愛開玩笑的程式設計師、某個愛放屁的精靈或某個仁慈的
　　創世神明所引發，我們還是得接著問：那些程式設計師、精
　　靈或神明是怎麼來的？

好吧，但是神明可以永遠存在，或是突然從虛無中產生出來。

　　我同意。但這種論調套在宇宙上也同樣適用，不是嗎？雖然
　　改以別種形式，但是宇宙也可以永遠存在，或是突然從虛無
　　中產生出來。

嗯，沒錯！仔細想想，基本上，導入「神明」這個概念，只是把
這個問題往後挪了一個層次。如此一來，人們只是多用了一個自
己無法說明的解釋。

　　正是如此。利用這樣的方式，我們也解決不了宇宙形成之
　　謎。我們只會因此製造出更大的謎團。

儘管如此，我不曉得……總之，我還是覺得好像怪怪的！我們所
身處的環境似乎相當完美地契合我們的需求。我們正好擁有呼吸

所需的空氣，擁有能夠止渴的水。我們的周遭還有許多植物和動物，它們也正好能為我們提供食物來源。這一切看起來難道不像是專門為我們量身訂做的嗎？

且讓我反問妳：如果我們沒有可以呼吸的空氣、沒有水、也沒有食物，那會怎麼樣？

如果是這樣的話，那就不會有我們囉！

所以，就妳所提的問題來說，這代表著什麼呢？

不知道。

如果我們並不存在，那就不會有人問「這個世界難道不正是完美地為我們量身訂做嗎」，對吧？

當然，不過我還是不了解，你到底想說些什麼。

妳想想看，妳「之所以」可以問這個問題，無非只是「因為」，地球上的條件讓生命得以存在。如果「沒有」這些條件，也就不會「有」任何的問題。

哦，所以，你的意思是，我們根本就不需要去對「存在著適合我們生存的那些條件」感到驚奇，因為如果它們不存在，也就不會有任何會感到驚奇的人存在。我的理解是對的嗎？

完全正確！且讓我們再進一步討論，現在我們曉得了人類之所以存在，無非只是「因為」，地球上存在著相應的種種條件。不過，這並不必然就代表著，這些條件之所以存在，是「為了」要讓我們存在。

等一下，這之間有什麼差別呢？

在第一種情況裡，我們只是確認了，存在著我們的生存所賴以為前提的某些原因。如果這些原因並不存在，我們也就不會存在。

沒錯。

然而，在第二種情況裡，我們並非只是「確認」了某些事情；事實上，我們是「假定」了某些事情──某些並不必然是「對的」的事情！

為什麼會這樣？

因為有些人宣稱，那些讓人類以生存的「原因」，是基於某種「理由」而存在的。

我明白了。所以問題就是，某些原因會產生一些根本就沒有任何目的的效應，是嗎？

完全正確！

仔細想想，關於這種沒有任何目的的效應，我自己不就是個活生生的例子！一九八九年時在萊比錫與柏林上街遊行的兩個人，他們會去遊行，肯定有很好的理由，但是他們萬萬不可能想到，居然會因此成了夫妻，後來還忘了避孕，更生下了一個名叫莉亞的女兒。

哈哈！對，這是個很好的例子。我還想再多補上一小段故事：妳也曉得，妳的曾祖父母是相識於第二次世界大戰的動亂中。他們分別來自德國的不同地方，也分屬於天差地遠的不同社會階層。如果沒有當時戰爭所引發的混亂，他們倆或許永遠也不會相遇。在這樣的情況下，妳的奶奶或許就不會誕生，從而更不會有我們兩個。

你想說的是不是，不僅只有柏林圍牆的倒塌，就連第二次世界大戰，也都是我的存在不可或缺的「原因」？

是的，毋庸置疑。但是，這當然不代表希特勒發動侵略戰爭，是「企圖」要以某種方式讓妳誕生、讓妳現在可以和我

討論這些奇怪的事情。

很棒的例子！不過，我認為現在我知道，你想說的是什麼。希特勒這個大屠殺的元凶，間接創造出了如今我得以存在的某些前提，不過，他當然從未以我的存在為目的。以此類推，宇宙或人類的存在，也有可能根本就不是有什麼人以某種方式所想要的，是嗎？

> 沒錯。如今我們之所以存在雖然有無數的「原因」，但不必然就代表著，有什麼人存心要讓我們存在。如此一來，我們也可以再回到妳最初的問題；有可能，而且我個人甚至認為是「非常有可能」，我們的存在根本就沒有任何「理由」，有的只是種種「原因」。

如果我的理解正確，「理由」是帶有目的的，單純的「原因」則否。這樣對嗎？

> 是的。當妳在淋浴後拿吹風機去吹頭髮，這個舉動是有某種「理由」的，因為妳想達成某種目的：想讓自己看起來比較亮麗。然而，妳手上的吹風機會吹乾妳的頭髮，並不是因為它有什麼目的，而是因為被設計成，當人類把它連接上電源，它就會製造出熱風。

我懂了。吹風機的構造是它會變熱的「原因」，但它本身並沒有什麼「理由」，因為它不會追求任何目的。它不會對自己說：「天哪，我今天超想變熱的！」它就只是做出被指定的事，如此而已！這就是我和吹風機之間的一項根本差異。

> 確實如此。

不過，世界上也還是存在著某些理由，讓吹風機就是被設計成這樣子。

沒錯。因為設計吹風機的人想藉此追求某種目的。

這麼說來，那把愚蠢的吹風機的存在具有某種「理由」，但我們人類的存在卻沒有任何「理由」?! 這聽起來也未免太奇怪了！

是的，從這個角度來說確實會如此！不過，我們也可以換個方式來說：吹風機是受制於某個「由他人所決定的目的」，因為它是我們人類設計來執行某種任務的。然而，由於我們自己並不是任何人所設計的，我們可以「自己決定」我們的目的、存在的意義。也就是說，我們人類有別於吹風機，不屈從於任何他人的目的。

好，我承認，這話聽起來確實比較中聽。不過，你到底是從何如此肯定地得知，我們有別於吹風機，不是任何人所設計的，從而也不屈從於任何他人的目的？

我完全不會說我很肯定，不過倒是有許多跡象可以支持這種假設。

是什麼樣的跡象呢？

如果某樣東西是為了某種目的而被創造出來，它必然以某種方式反映出那個目的的性質。以吹風機為例，它就明顯具有符合「被賦予的功用」那些性質。然而，同樣的情況也適用於宇宙或我們身上嗎？假設我們是由某人基於某種「理由」所創造出來的，在我們身上能否看出可以證明這種假設的性質呢？在我看來，答案是否定的。不過，若要說明這一點，我們就必須更仔細地去觀察一下事物的本質。

聽起來很有趣。但我們還是等到明天再來討論這個主題好了。我覺得，如果今天算是第一堂課，它的內容也夠多了……

「為何存有的是存在而非虛無？」（*Warum ist überhaupt Seiendes und nicht vielmehr Nichts?*）。德國哲學家馬丁・海德格（Martin Heidegger，1889～1976），正是以這句話，來為他著名的課程《形上學導論》（*Einführung in die Metaphysik*）開場。莉亞，在完全不知情的情況下，幾乎照本宣科地引述了這句話。

海德格當然不是唯一一位鑽研「存在與虛無」這個問題的哲學家。比他還要早兩百多年，就已有另一位思想家，在絞盡腦汁思索著這個晦暗不明的問題，他就是大名鼎鼎的萊布尼茲（Gottfried Wilhelm Leibniz，1646～1716）；如今許多人都把這位思想家和同名的奶油餅乾品牌連結在一起。在萊布尼茲這位基督教的博學者看來，唯有「上帝」才能是根源理由，我們的一切存在都得歸功於祂。

極具影響力的英國神學家威廉・帕利（William Paley，1743～1805），也曾有過類似的想法，他以所謂的「鐘錶匠比喻」聞名於世。他的核心論點雖然十分簡單，但聽起來卻極有說服力。帕利認為，如果我們在森林裡發現一個能夠良好運轉的時鐘，理所當然地就會假定，這個時鐘不是偶然產生的，而是由某個善於設計的鐘錶匠精心製造的。然而，由於手錶其實遠不如例如人類的眼睛複雜。因此，帕利就問：有鑑於自然界中許多複雜的有機體，我們難道不該理所當然地假定，有位智慧的策劃者（亦即「上帝」）在主導這一切嗎？

一直要到查爾斯・達爾文（Charles Robert Darwin，1809～1882）發表了《物種起源》（*On the Origin of Species*）一書，奠定

了現代演化理論的基礎，鐘錶匠論證才真的被駁倒。這點我們在後頭還會再提到。

在達爾文提出這些劃時代的知識前，人們很難合理地去解釋我們這種物種的起源。在這樣的情況下，人們創作出形形色色的創世神話，藉以為人類存在之謎找出一個還算合理的答案，實在是不足為奇。人們在這方面的幻想可謂是沒有任何極限。

舉例來說，在中國的神話裡，人們認為，原始的物質具有雞蛋的形狀，這顆「蛋」後來分裂為天與地。北歐民族則編織了始祖巨人尤彌爾（Ymir）的奇異故事，根據那個故事，我們的世界是由他那些被恐怖肢解的身體部分所構成。猶太人、基督徒與穆斯林則是相信（至少有一部分人至今仍堅信），有位名為「耶和華」、「上帝」或「阿拉」的全能存在，花了六天的時間創造了這個世界。

只不過，神話在哪裡盛行，諷刺也就離它們不遠！《銀河便車指南》（*The Hitchhiker's Guide to the Galaxy*）或許可算是最美妙的創世諷刺作品。這套諷刺科幻小說系列是出自英國作家道格拉斯・亞當斯（Douglas Adams）的手筆。他在書中描寫到一個名叫「亞特拉瓦蒂德」的外星物種，他們是一種藍色的小生物，生有五十多隻手臂，光是由於他們是宇宙中唯一一個先發明體香劑才發明輪子的物種，就讓他們非比尋常。根據道格拉斯・亞當斯的說法，亞特拉瓦蒂德人相信，宇宙其實是「大綠怪阿克列塞蘇爾」所擤出來的一團鼻涕，因此他們總是擔心著「大白手帕到來」的那一天。幸好，亞特拉瓦蒂德人的創世理論在他們的家鄉以外的世界並不常見……

事物真如我們
所見到的那樣嗎？

昨天你說，宇宙的性質並沒有顯示出，它的背後隱藏著某種計畫。這也許是對的，不過，在我們可以有意義地談論這件事情之前，我們得先知道，宇宙是否真如我們所感知的那樣，是吧？宇宙也有可能根本完全不是我們所感知的那樣！就拿這個沙發為例，它真的是紅色的嗎，或者，它其實只是在我們眼裡看起來是紅色的罷了？

所以，妳想知道的是，事物是否真如我們所見到的那樣？

是的，這是個很有趣的問題。

我同意。為了能夠回答妳的問題，我們必須先知道，對於「事物本身」我們無法做出任何合理的陳述，我們只能對「對我們而言的事物」做出合理的陳述。

蛤？

我這麼說好了，「事物本身」就是事物處在它絕對、純粹的狀態，正如它可能「獨立於我們的感知」而存在。以這張沙發為例，關於這張沙發「本身」所具有的那些性質，我們完全無法做出任何合理的陳述。畢竟，我們所感知的，並不是這張沙發「本身」，而只是這張沙發「與我們的關係」。在這樣的情況下，「沙發本身」就變成了「對於我們而言的沙發」，也就是變成一件我們用自己的眼睛所能看見、用自己的觸覺所能感受到的家具。

等等，你想說的是不是，沙發事實上根本就不在這裡，它只是存在於我們的想像中？

　　不是，若果真如此，我們就不可能這麼舒服地坐在這裡。這張沙發以近乎完全肯定的概率「確實」存在著，也就是說，它也完全獨立於我們的感知。儘管如此，如果「脫離了我們的知覺」，我們則無法感知它。

OK，所以我無法不依賴自己的知覺來感知這張沙發。但這難道不是一種多餘的吹毛求疵嗎？區別「事物本身」與「對我們而言的事物」，到底能夠帶給我們什麼？

　　如此一來，我們現在離妳的問題的答案又近了一些，而這個答案就是：雖然妳把這張沙發感知成紅色的，但沙發「本身」可能並不具有這種性質！

什麼？這張紅色的沙發其實根本不是紅色的？

　　讓我們這麼說吧：妳所感知的紅色，並不是沙發的性質，而是妳的大腦所建構出的某種結果。

那我為什麼會看到紅色？或者這麼說，我為什麼會把這張沙發看成紅色？

　　讓我們假設一下，陽光照在了這張沙發上。在物理上這代表著，電磁輻射碰到了沙發的表面物質。這些表面物質的結構會讓它們反射光的一部分波長光譜，例如一段六百三十奈米的波長。

那麼其餘的呢？

　　其餘的波長則會被吸收，或者也可以說是被沙發的表面物質所「吞沒」。妳要明白，裡頭所含的原子與分子，只會對在某個波長範圍裡的光能有反應。未被它們接受的部分，就會

被打回票。

然後我們就看到了那些嗎？

是的，沙發的原子無法處理的那些波長，會反射、碰到我們視網膜的顏色受體，也就是所謂的 L 型、M 型與 S 型視錐細胞。

像 T 恤的尺寸那樣嗎？L 是大的、M 是中的、S 是小的？

有點類似。L 型視錐細胞會對長波長有反應，M 型視錐細胞對應中波長，S 型視錐細胞則是對應短波長。在感知紅色時，主要是 L 型視錐細胞特別活躍，因為我們將顏色「紅」與介於六百和七百五十奈米的長波光連結起來。

所以，這代表這張「紅」沙發事實上根本就不是紅色的，它只是吸收並反射出了某些光能罷了，是吧？

沒錯。

然後這個過程被我們的眼睛詮釋成「紅色」？

準確地來說，這樣的詮釋並不是在眼睛裡做出，而是在腦袋裡。在那裡，視神經所傳遞的電訊，會被以複雜的方式進一步處理。於是，波長的生物化學測定就喚起了我們主觀的「紅色」感受。在這個過程中，我們的大腦會用已儲存的那些資訊去校準新到的刺激，為整體賦予相應的感受。於是，我們會對「紅色」（火的顏色）感到「溫暖」，對「藍色」（水的顏色）感到「寒冷」。因此待在漆成藍色的空間裡，會比待在漆成紅色或橘色的空間裡，更容易覺得冷。

對，這種事我也曾聽說過！只不過，現在我比較感興趣的，卻是另一個完全不同的問題。我不曉得，這個問題適不適合在這裡問……

不必有什麼顧慮！

好吧，在物理課中我們曾經學到，這個世界好像是由什麼原子、電子、質子，還是什麼其他微小的粒子所組成，它們的名字我早就都忘光了。沒差！這些粒子就在它們的軌道上繞來繞去，它們彼此之間除了一片空蕩蕩再也一無所有。儘管如此，我們卻能把由這些粒子與這些虛空所構成的東西，例如這張沙發，感受成固體。在我看來，這與顏色感知都是有異曲同工之妙的幻象，不是嗎？

這讓我不禁想到，我們能不能說：「沙發本身」就是這個物理學家們所研究的、奇怪的、「微小粒子在它們的軌道上瘋狂繞行的東西」；至於「對我們而言的沙發」，則是這件我們正坐在上頭的、堅固且舒適的家具？

有趣的問題。有一大群自然科學家或許會贊同妳的說法。不過，如果更仔細地去觀察一下，我們則必須承認，就連這個粒子的世界，也是一個「由我們所感知的」世界（雖然是透過非常複雜的儀器）。換言之，它也不是「世界本身」！因此，基本上我們並不能說，這張「微小粒子在它們的軌道上瘋狂繞行的沙發」就是「沙發本身」。

是喔，真可惜！在我看來，這其實還挺合理的說……

至少妳的問題點出了非常重要的一件事。無疑地，現代科學的知識，讓我們對這個世界有了截然不同的想像。我們對於自然的洞察，遠遠超過了我們的原始生態棲位（譯註：指每種生物所需要的生存條件，包含食物、空間、溫度、濕度等因素，也包含與其他生物之間的關係）的界限。

哇喔！這又是什麼意思呢？

對不起，我似乎跳得太快了。也許我們稍微繞個路，會比較容易到達目的地。我問妳，在妳看來，獵豹為何會跑得那麼快呢？

獵豹嗎？牠們的腿很長，腿部肌肉強健，肺也很大。

沒錯，但為何會如此呢？

獵豹是掠食動物，牠們得要獵捕速度飛快的獵物。如果牠們無法跑那麼快，恐怕早就絕種了。

沒錯。那麼我再問問妳，為何長頸鹿會有那麼長的頸子呢？

因為牠們特化成專以樹梢的樹葉為食。這也帶給了牠們優勢，如此一來，牠們就不必和其他比較矮小的動物爭奪食物。

OK，那對於我們人類，這代表著什麼呢？為何我們會看到成熟的覆盆子是紅色？為何當某個食物對我們來說已經腐壞時，會聞出或嚐出腐壞的味道？為何我們的大腦會汲汲於辨識出原因與結果之間的關係？

因為我們的祖先同樣也因此取得了某些生存優勢。

妳說對了！我們在知覺與認識方面的構造，正如同長頸鹿的長頸和獵豹的快腿，都是產生於演化的生存競爭中。我們的那些構造，也同樣能適用於某種特殊的「生態棲位」，也就是我們做為人類的生活環境。也因此，即使時至今日，對於那些原本並不發生在我們的生態棲位裡的現象，例如每小時超過一百公里的速度，我們還是只能做出相當拙劣的評估。

沒錯，當男孩子們握住方向盤想要「耍帥」、「逞威風」時，我也總會對他們這麼說……

年輕男性特別喜歡冒險，這也是一種演化的遺傳；不過，我個人則是完全不一樣！

咦，我該相信你嗎？這件事我得問問奶奶才行，嘿嘿……不過，你想說的應該是別的事情吧，是嗎？

　　沒錯！我想說的其實是：如我們所見，我們的認知構造，如同長頸鹿的脖子，都是一種自然演化的產物。因此，它們當然完全不是要用來理解「世界本身」，它們具有另一項截然不同的功能……

也就是確保我們的生存！

　　沒錯！

如果我們的祖先所看到的不是羚羊，而是一個「微小粒子在它們的軌道上瘋狂繞行的動物整體」，在確保我們的生存這項目的上，這肯定不會對我們的祖先有什麼幫助，是吧？

　　是的。我猜這對於古時候那些直立人（Homo erectus）大概也會很困惑！

我還有一個問題：如果我們對於世界的看法是在演化中產生，這不就意味著，其他的生物可能也會以截然不同的方式去感知這個世界，不是嗎？對於像查理這樣的一隻貓來說，這張沙發或許根本就不是紅色的？

　　沒錯，對於查理來說，這張沙發確實可能不是紅色的，而是黃色的。貓咪只有兩種視錐細胞，它們都無法處理長波的、紅色的光。對於身為夜行獵食者的牠們來說，這點根本無關緊要。牠們不需要良好的顏色感知能力，牠們只需要能在黑暗中清楚看見東西的視力，就能夠捕捉到牠們的獵物。就這點來說，牠們確實比我們厲害許多。

可是，應該還是會有某些動物可以看見我們根本感知不到的顏色，還是我搞錯了？

不，妳是對的！許多昆蟲、鳥類和魚類確實能夠看見紫外線。因此，一片花圃在蜜蜂眼裡完全有別於我們所看到的。此外，某些動物甚至具有我們完全陌生的感官。以候鳥為例，牠們就能以地球的磁場幫助自己定位，還有蝙蝠可以在完全的黑暗中飛行，因為牠們可以發送與接收超聲波；我們或許可以說，牠們是用牠們的耳朵來「看」！

我曾在一部有趣的紀錄片中看過這樣的內容！我還問過自己，當一隻蝙蝠或許會是怎樣的感覺？我們是否真有辦法想像？

很有意思，妳居然會這麼問！因為在一九七〇年代，知名的美國哲學家湯瑪斯·內格爾（Thomas Nagel），就曾針對這個題目寫了一篇極具啟發性的文章。內格爾認為，即使我們知道了與蝙蝠有關的一切，我們還是不會知道，用蝙蝠的感官去感知這個世界會是怎樣的感受。在我們的外部知覺與某個生物的內部知覺之間，存在著一個巨大的差距。

這在我聽起來還蠻合理的，但這僅適用於我們和蝙蝠之間吧？人與人之間應該沒有那麼大的不同，不是嗎？我的意思是，我看見你，和你說話，如果我是位大腦研究專家，那麼我或許也能知道，在我們對話時，你的腦袋裡是怎麼運作的。不過，我或許還是永遠都不曉得，身為「你」這個人會是怎樣的感覺。同樣地，你也不太能夠曉得，身為「我」這個人會是怎樣的感覺。

沒錯。我們自己內在體驗的質，哲學家把它們稱為「感質」（qualia），只有我們自己才曉得。當我們與其他人一起難過或一起高興，這種情況是基於某種投射；這無疑是相當有益的舉動。我們會去設想，如果「我們」自己處在他人的情況裡，會有怎樣的感受。我們大致上不會完全搞錯，因為雙

方都屬於同一物種。儘管如此,我們還是永遠無法體驗身為他人,實際上會有怎樣的感受。

我們就是無法超越自己的皮囊!

是的,在這裡我們遇到了或許永遠也克服不了的「知識界限」……

事物真如我們所見到的那樣嗎?早在將近兩千五百年前,古希臘哲學家柏拉圖(Plato,427～347)就已對這個問題感興趣。在他著名的「洞穴比喻」中(直到今日,學校還是經常喜歡拿它來作例子),他描寫了一群被綁住的人,這群人只能見到他們背後的東西投射在洞壁上的影子。由於他們無法獲取其他的經驗,於是他們順理成章地就把那些東西的陰影視為真實的東西。

柏拉圖問,如果其中有個人掙脫了綑綁,離開了那個洞穴,從而得以見到東西的真實面貌,那會發生什麼事呢?其餘那些被綁住的人會相信他的那些幻想般的陳述嗎?恐怕不會!儘管如此,那個跑到外面去的人,卻是獲得了某種「更高」形式的知識。

洞穴比喻可以用各種不同的方式來解讀(或許這也是為何老師總是一再地把它拿出來教)。柏拉圖自己想要表明的是,人應該懷疑自己的感官印象,追求更高的精神層次。唯有如此,一個人才能發現隱藏在可經驗的世界背後的東西。對於柏拉圖來說,這個「所有事物的本源」就是「理念之境」;其他的人則把它稱為「上帝」。

而打從心底就不太想要去了解上古時期的基督教,居然採用了柏拉圖的哲學;在所有早於基督教的思想家中,幾乎沒有其他

人獲得這樣的待遇。原因不只在於，柏拉圖是所謂的「柏拉圖式愛情」一詞的起源（這指的是一種未被「性慾望」所玷汙的純粹「精神式愛情」）。更重要的是，他的思想建築可以完美地嵌入宗教的世界觀。畢竟，基督教同樣也相信，在平凡的、感官可知覺的東西背後，隱藏著某種「更高的精神根源」（亦即「上帝」）。

至於英國哲學家大衛・休謨（David Hume，1711 ～ 1776）等懷疑論者，則是拒斥這種想法。在休謨看來，「所有的」理念（包括柏拉圖所說的最崇高的理念），歸根究柢，都是出於簡單的感官印象（例如冷、熱的感受）。感官對他而言，是人類認識這個世界唯一的來源。他認為脫離了感官的印象，我們就根本無法有意義地談論「現實」。

休謨這種腳踏實地的哲學是如此具有革命性，讓他不僅登上天主教教會禁書的黑名單，還讓某個德高望重的德國同行啞口無言。在沉寂了十一年之後，康德（1724 ～ 1804）終於以他著名的答案，《純粹理性批判》（*Kritik der reinen Vernunft*）回應了休謨。這是一本好到令人汗顏的書，同樣也被列進了禁書的黑名單裡。在《純粹理性批判》一書裡，康德清楚地說明了，我們永遠無法認識「物自身」（Dingan sich），我們所能認識的，就只有它們的「現象」，也就是「對我們而言的物」。

為什麼呢？因為知識對於康德而言（也如同對於休謨而言）總是取決於主體！只不過，在這當中並非只有感官經驗參與其中，還有我們「先於」所有經驗，早已擁有的思考模式。〔在這裡康德所指的是，某種「先驗的」（a priori；在拉丁文中是指「來自先前的東西」）知識。〕

我們確實天生就對空間與時間、原因與結果具有某種概念，

這也就是為何，當寶寶看到一顆球在斜坡上向上而非向下滾時，會顯得目瞪口呆。至於這樣的先天條件是如何形成，直到二十世紀，人們借助演化認識論才總算得以說明。諸如康拉德・洛倫茲（Konrad Lorenz，1903～1989）、魯貝特・理德（Rupert Riedl，1925～2005）與傑哈德・福爾墨（Gerhard Vollmer，1943～）等學者指出，我們看待世界的方式，正如我們的嗅覺或消化道的功能，都是一種演化的產物。

所以，康德使用「先驗」這個概念來指涉知識的這些先天條件，可謂是一語中的。當時的他當然並不曉得，這些「先前的東西」在多早以前就已開始在自然中發展（大約再過七十年，達爾文才發表了《物種起源》）。不過，這或許也算好事一件，因為，除了他那些對於宗教與意識形態駭人聽聞的批評，如果康德還構思出了演化論，那麼這位柯尼斯堡的哲學家搞不好會被抓去做成著名的「柯尼斯堡肉丸」。

我們可以
知道什麼？

我覺得這一切都讓人很頭痛：我坐在一張沙發上，這張沙發對我來說是「紅色」的，對查理來說卻可能是「黃色」的，而且我還不曉得，這張沙發的「本身」具有哪些性質。我們不知道其他的動物到底是如何感知這個世界，也永遠不曉得，當另一個人會是怎樣的感覺。所以，我不禁要問：我們到底能夠知道什麼？

　　嗯，是的，不過如果我們考慮到，我們人類在數千年前才離開了「洞穴」，那麼我們在這段期間裡所發現的東西，還真可謂十分可觀，不是嗎？如今我們所知道的東西無疑遠遠超過從前的世代。

好吧，但這些知識是否真的可靠呢？

　　妳的意思是……？

我們不是已經確定，我們根本無法知道「世界本身」是怎麼樣。但如果是這樣的話，那我們怎麼知道，某個關於世界的陳述到底是對還是錯？

　　我們確實無法知道「世界本身」，但我們卻能對「對於我們而言的世界」有很好的了解！同理，雖然存在著同樣獨立於我們知覺之外的月亮，但我們大可只談論「為我們所感知的月亮」。

　　在這個脈絡下，我想到了奧地利哲學家維根斯坦（Ludwig Wittgenstein）的名言：「對於不能談論的事物，我們則必須

保持沉默。」（Wovon man nicht sprechen kann, darüber muss man schweigen.）

喔喔！這是什麼意思？

意思就是，對於那些我們合理說來根本就不能談論的事物，我們不該妄自對它們做出任何闡述！如果有人宣稱自己擁有一窺「世界本身」的特殊能力，或是講述了什麼超越我們人類經驗的「更高真理」，我們就該對他抱持一定程度的懷疑。他很可能是想要愚弄我們的騙子，或是不幸被困在妄想中的人。

為何你會如此肯定？

因為通往世界的入口，就跟世界「本身」可能的狀況一樣，基本上對我們是關閉的。在人類的知覺之外就不會有人類的知覺！這點當然也適用於所有曾經出現在人類歷史上的「先知」！他們也只擁有人類有限的視角，對於「世界本身」所知，和你、我一樣少。

了解！所以你建議，我們乾脆忘掉那個在「彼岸」的「世界本身」，取而代之，應該專注於這個「我們所能感知的世界」？

是的，這麼做對我們還會有些額外的好處。如果把我們的知識要求侷限在「人類的世界」，我們就會比較容易去分辨正確與錯誤的陳述。

為何？

因為，屬於「此岸」的、人類的陳述，同樣可以用屬於「此岸」的、人類的方法來檢驗！相反地，所有存在於「此岸」的謊言，都能借助屬於「彼岸」的東西來辯護。很久以前尼采（Friedrich Nietzsche）就看出了這一點。

OK，那就讓我們專注於「人類的世界」。你剛剛所提到的方法，借助它們，我們可以分辨某個陳述是對是錯，那是怎樣的方法呢？

妳還記不記得，我曾經有點厚顏地宣稱，年輕時自己有別於其他的小伙子，從來不會想要帥。妳基於合理的懷疑，對我的說法並不買單，當時妳就點出了一種方法，借助它，妳可以檢驗我的這種說法的真實性。

當時我說，在相信你的話之前，我得先去問問奶奶……

沒錯，藉由這種方式，你可以「經驗性地」來檢驗，我的說法到底是對是錯。

等等，什麼叫做「經驗性地」？

「經驗性地」或「憑藉經驗」源自於希臘文「empireia」一詞，意思就是「經驗」或「經驗知識」。妳想要知道，奶奶對她當時那個正值青春期的兒子有何了解；這完全是種經驗的方法，而且絕對不是最糟的方法。

不過，除了奶奶以外，如果我另外還去訪問你從前的同學、朋友，特別是你的前女友們會更好。對於你過去的言行，奶奶肯定不是完全清楚！

好佳在……

呵呵，我能想像！

好啦，我不想在這件事情上繼續深掘……且讓我們言歸正傳。如果妳訪問了很多人，妳肯定能將我過去的言行拼湊出更完整的面貌。

但這也未必完全可靠！在最好的情況下，我也只能發現所有受訪的人「現在」對於你當時的自我有何想法。不過，遺憾的是，我

既不能拿你的陳述、也不能拿他們的陳述，來與你當時的自我直接做比較。

　　沒錯！所以詢問也只是在某些問題上對我們有幫助。從事經驗研究的社會學家雖然可以借助「詢問」查明某群人的想法為何，例如他們是比較贊成演化論或神創論。不過，就算知道多數人認為什麼是對的，我們還是不知道那是否真的就是對的。

了解，因為多數人也可能完全搞錯。在這種情況下，詢問是沒有意義的，不過，肯定還是有其他「憑藉經驗」來檢驗陳述的方法吧？

　　當然。假設我們想要查明以下這個陳述的真實性：「人類與黑猩猩是關係緊密的近親，都是源自存活於距今大約六百萬年前的共同祖先。」如妳所知，至今為止，全球依然還是有許多宗教人士在反駁這項陳述。如果只借助民意調查，我們是不可能在這個問題上有所進展。事實上，我們必須找出堅實的經驗證據，這些證據要麼支持我們的論點、要麼就駁倒我們的論點。

要怎麼做到這一點呢？

　　首先，我們可以透過對人類與黑猩猩的身體構造或行為方式，做系統性的觀察，把從中發現的特性拿去和其他生物的特性進行比較。此外，我們還能針對古代的骨骼與化石進行研究，試著借助它們去重建這兩個物種的譜系。不過，查明他們之間的親屬關係程度，最好的方法莫過於，去分析他們的遺傳密碼，並與其他目前尚存或早已滅絕的物種的遺傳密碼相互比對。

比對的結果顯示，相較於黑猩猩與大猩猩，黑猩猩與人類的親屬關係其實更為緊密。根據目前的知識水準，現今大猩猩的祖先早在七百萬年前，就已脫離我們共同的譜系，至於人類與黑猩猩，則是直到將近六百萬年前，才分道揚鑣。

真的嗎？第一時間我還猜想，大猩猩與黑猩猩彼此的親屬關係應該比較近。

這個例子告訴我們，光憑純粹的思考，我們無法查明某個陳述究竟是對是錯。為此，我們還需要以經驗為本的方法，尤其是更仔細、更有系統的觀察和頗具巧思的實驗。

好，我承認，以經驗為本的檢驗的確很重要。不過，是否還有其他的方法可以查明真相？

是的，確實有這樣的方法。妳不是偶爾會看美國的法庭影集？律師經常會對證人進行相當嚴格的交叉詰問。為何他們要這麼做呢？

我認為，他們是想讓證人陷於自我矛盾，藉以查明真正發生了什麼事情。

沒錯。這是目前我們已知檢驗陳述真實性的第二個重要方法。借助這種方法，人們試圖查明，個別的陳述「在邏輯上」是否相互吻合，或者它們之間是否有所矛盾，換言之，是否存在著「邏輯不相容」（logical incompatibility）的情況。舉例來說，如果某位證人表示，自己在慕尼黑啤酒節上喝到整個不省人事，那麼他就不可能於同一時間又在漢堡細心照顧有錢的姑媽。

是這樣沒錯。

這正是「邏輯」所關乎的。它所關乎的是「顯而易見」，換

言之，就是無須經驗的檢驗、「不證自明」的關係。妳完全無須派遣研究團隊去慕尼黑和漢堡進行經驗研究，才能得知一個人無法「同時」出現在兩個城市。只要看出這些陳述在邏輯上彼此無法調和，也就足夠了。只不過，有時並沒有那麼容易看出這樣的邏輯不相容，因此我們下結論時，老是會犯錯。

例如犯什麼錯？

邏輯謬誤有許多不同的形式。「以偏概全」是我們經常會犯的錯誤之一，也就是說，個別的經驗是不能夠一概而論。

如果我被一隻白色的小狗咬了，我並不能由此推斷，所有的白色小狗都會咬人，是吧？

是的，這就是一個這樣的情況。借助邏輯，也就是借助正確推論的定理，我們可以試著發現與排除這樣的思考錯誤。

那麼，到底什麼比較重要呢？是邏輯、還是經驗？

不能夠這樣子比較，它們兩者我們都需要。

好吧……假設我們以邏輯和經驗的方法對某項陳述進行了嚴格的檢驗，我們能否百分之百肯定，這項陳述的真實性呢？

不，我們只能說，在基於目前的知識水準所做的檢驗下，那個陳述在我們看來是對的。不過，我們還是有可能搞錯。也許是在觀察上忽略了某些關鍵，也或許是我們的推論沒有充分考慮到問題的某個面向。所以，並沒有「百分之百確定」的知識，但我們總是能夠學習，一點一滴地改進知識。

就這點來說，在過去的幾個世紀裡，我們確實取得了巨大的進步，可以從科技、醫學的突飛猛進等現象看出這一點。

不過，儘管取得了這麼多的成果，古希臘哲學家色諾芬尼

（Xenophanes）在兩千五百多年前說過的話卻依然適用：「即便有個人幸運地說出了最完美的真理，他也永遠無法知道這一點；這一切都瀰漫著猜測。」

所以，就連科學家到頭來也是只能「相信」嗎？

是的，如果妳把「相信」一詞理解成，只能「猜測」某些東西的話，我們的確無法百分之百確知各種知識。遺憾的是，「相信」一詞同樣也被用來指涉完全相反的情況，用來指涉「想要無條件地認為某個陳述是對的」。不妨想想看，如今仍有許多宗教人士不顧所有的證據堅持「相信」，地球是誕生於六千多年前；事實上那個時候，巴比倫人已經釀造出史上第一杯啤酒。

真的很蠢！

的確！儘管如此，我們也不該忽視，在堅信這種胡說八道的人當中，其實也不乏相當聰明的人。

為什麼會這樣？

在那些腦袋中顯然存在著某種精神障礙。這些人在日常生活中的行為舉止其實極為理性，然而，一旦涉及到了宗教的問題，他們不知何故就會把理智擺在一旁。像我們就無法解釋，為何某些婦產科醫師，星期一到六都把自己的工作做得很好，可是到了每個星期的第七天就會相信「處女生子」這種事？

我們人類真的是相當瘋狂的物種……

是的，尤其我們現在還是能找到許多堅信某種奇思妙想的人，真的沒有什麼是太超過的。在這當中，就算所有的經驗證據與邏輯推論全都反駁他們的信念，對這些「信徒」來說

似乎沒有什麼妨礙。比起只是稍微去質疑一下自己所信奉的教條，他們更寧可犧牲理性。

這其實也很合理，不是嗎？如果人們相信上帝站在他們這一邊，那麼所有反對的論調只會是來自惡魔啊！

是的，悲哀的是，這種瘋狂還是有系統的！也因此跟一個基本教義派人士（譯註：指試圖回歸信仰最原始狀態的宗教人士，特色為嚴格遵守最傳統的宗教規範，並希望能讓這些教條成為普世原則）辯論，若要不抓狂，簡直比登天還難！

我能想像！可是，難道沒有科學家也是如此獨斷且教條地堅持自己的看法？

當然，畢竟科學家也只是人！所以，在科學家的社群裡，也是會發生一大堆與科學方法相牴觸的事情。不過，在理想的情況下，科學家應該抱持著「非教條」與「不預設結果」的態度從事研究。雖然科學方法會要求他們要捍衛自己的看法，不過，一旦有新證據或理論出爐，科學家就不該盲目維護。

所以科學的真理只是一種「暫時的真理」？

是的，可以這麼說。基於很好的理由，科學家不會去宣稱任何人們必須「無條件」相信的「絕對真理」。他們接受「所有人類的信念都容易出錯」的這種觀念，因此科學知識必須不斷接受進一步的檢驗與修正。科學思考最強大的地方正是它的這種謙卑。

你的意思是……？

一位科學家「知道」，自己只是「相信」某些自己目前看來似乎是對的事情，但也許到了明天這些事情就會被推翻。

相反地，狂熱宗教人士卻是「相信」，自己確實「知道」某些即使到了後天也依然會是正確的事情，無視於那些事情早在今天就已經被推翻。這是對待「真實」兩種截然不同的處理方式。

等等，科學家知道自己相信什麼，信徒則是相信自己知道什麼……我的天啊，我得先靜下心來好好地想一想。我們明天再繼續好了，可以嗎？

當然，妳說了算。

「**我知道，我一無所知！**」這句格言是出自古希臘哲學家蘇格拉底（Sokrates，469 ～ 399）。誰是蘇格拉底呢？德爾菲神廟的神喻說他是當時世上「最有智慧的人」。他自己則把這樣的推崇歸因於，雖然他並非特別明智，但他至少知道自己並不明智；有別於其他人，雖然也沒有比他明智到哪去，卻總以為自己很明智。

蘇格拉底並未留下任何書面的作品，但他卻是位對話的大師。這點我們可以從他的學生（主要是柏拉圖與色諾芬尼）所記錄下的一些對話看出。在那些對話裡，蘇格拉底以看似天真的方式，拿某些眾人信以為真的知識來質問對話的伙伴。他要求對方為他們認為理所當然的那些「事實」提出證據，並以某種諷刺、挖苦的手法，去動搖他們那些奠基於偽知識的信念。

憑藉這樣的策略，蘇格拉底雖然證明了自己是個不折不扣的哲學家，也就是「愛智慧」的人（古希臘文的「philosophia」＝「愛智慧」），但他不只因此得到了朋友，更樹立了敵人。最後，該

來的總是要來，在西元前三九九年，蘇格拉底這位當時「最有智慧的人」，被控「不信神」與「腐蝕雅典青年思想」，更被判處了死刑。

將近兩千五百年後，流亡到英國的奧地利哲學家卡爾‧波普爾（Karl Popper，1902～1994）接續了止於蘇格拉底的那個點，也就是關於「不知道」的哲學討論。波普爾在少年時期參加過社會主義運動，不過，當他意識到共產主義的教條性質，便與它疏遠了。類似的情況，也發生在他與所謂的「維也納學圈」（Wiener Kreis）之間。

「維也納學圈」是由摩里茲‧石里克（Moritz Schlick，1882～1936）、魯道夫‧卡爾納普（Rudolf Carnap，1891～1970）與奧圖‧諾伊拉特（Otto Neurath，1882～1945）等學者共同組成的團體。有別於維也納學圈的代表人物認為，人們可以根據邏輯與經驗的原則，在真與假的陳述之間做出「肯定」的判別〔也就是所謂的「實證主義」（positivism）〕，波普爾則主張，我們永遠也無法認識所謂的「真理」，我們只能對它做出或多或少具有理性的猜想〔所謂的「批判理性主義」（critical rationalism）〕。

在波普爾看來，唯有藉由反駁那些錯誤的猜想〔「證偽」（falsify）〕，我們才能在知識上取得進步。因此，一個好的研究者不應該致力於證明其研究結果的「真實」〔「證實」（verify）〕，而是應該去尋找存在於自己理論中的那些錯誤與漏洞。

波普爾的「證偽原則」（藉由反駁存在於其中的錯誤，去改進我們的猜想）在科學哲學裡越來越佔上風，這無疑讓這位大師

深感欣慰。不過，當他的學生保羅‧費耶阿本德（Paul Feyerabend，1924～1994）嘗試去反駁「批判理性主義」時，他可就沒那麼開心了。費耶阿本德認為，唯有當人們分享了科學思想的信念，才有知識進步可言。脫離了這樣的信念，我們根本就無法判斷，天氣預報是否真的好過祈雨舞。是以，認為人們可以毫無成見地區別科學與迷信，這也只是一種迷信。無論是研究科學作品、還是判讀咖啡渣，基本上都是武斷的。

對於這麼多「無知的勇氣」，蘇格拉底本人恐怕也會感到訝異。也許他會建議自己的學生去質疑費耶阿本德的知識懷疑論。因為我們其實並沒有那麼想要知道世界「本身」。在過去幾個世紀裡「對於我們而言」的知識有著可觀的增長，這點幾乎是無可爭辯。知識的增長不僅帶來了（或許只有極少數的人想要放棄的）技術上的成就，同時也促進了社會的進步。

或者蘇格拉底大概會樂於和卡爾‧波普爾交換身分，因為他不會因為自己的畢生志業而被判死刑，反而還會受封爵士。如果這對於「愛智者」（哲學家）來說不是進步，什麼才是進步呢？

神明
存在嗎？

昨天我們聊到了關於科學思考與宗教信仰的區別。我想，我們應該要接著聊下去，你覺得呢？

　　同意。

我有一個問題，雖然我能想像你或許會怎麼回答，不過我還是想要問問看。

　　妳就問啊！

可是我希望你不要笑我！

　　我為什麼要笑妳？

因為這個問題聽起來好傻、好天真！

　　哈哈！妳想問的到底是什麼呢？

你先答應我，你不會笑！

　　好，我答應妳！

好，我的問題就是……（停頓了一會兒）

　　就是？妳很會製造緊張耶……

就是，到底有沒有神明？

　　哈哈哈……抱歉，我還是忍不住笑了出來！但我笑的不是妳的問題，而是妳提問時支支吾吾的神情。

請你嚴肅一點好嗎！你的答案是什麼呢？到底有沒有神明？

　　或許妳會覺得訝異，但我確實完全不曉得，神明到底存不存在！我甚至也完全不曉得，妳的問題究竟是什麼意思。

什麼 ?! 你在媒體上被人封為「德國無神論的頭號戰將」，現在你居然回答我說，你壓根就不曉得，神明到底存不存在！這也未免太跳 tone 了吧！

讓我解釋給妳聽！但我首先想要反問妳一個問題。如果我問妳，到底有沒有「quasiolytischer Phraseometer」，妳的答案會是什麼呢？

那是什麼鬼東東？

我問妳，「quasiolytischer Phraseometer」到底存在不在呢？

完全沒概念。我根本就不曉得，「quasiolytischer Phraseometer」到底指的是什麼。

看吧，「神明」這個概念對我來說也是一樣！我完全不清楚這個用語背後所隱藏的是什麼。所以我對「無神論」這個原則上否定神明存在的用語，同樣也是感到問題重重。因為合理來說，我們其實只能去爭辯那些在某種程度上可以清楚定義的對象。可是在「神明」這個概念上，情況則不然。

是因為每個人都有自己的神明概念嗎？

是的。我曾經遇過一些人，他們有的說「神就是愛」，有的則說「神就是宇宙中所有存在的總和」。由於我既不懷疑宇宙的存在、也不懷疑愛的可能，所以我並不否認他們所了解的「神」。只不過，我還是寧可用愛來指稱「愛」、用宇宙來指稱「宇宙」，而不是去指稱「神」。使用不清楚的概念只會造成困惑。

OK，我懂了。不過，我所說的「神」，並非只是另一個指稱「愛」的詞彙，而是超越我們的想像實際存在的一種「更高等的生命」。可不可能有這樣的「神」呢？

「難以想像的神」當然可能存在。

什麼，你再說一遍?!

甚至還可能存在著一大群「難以想像的男神和女神」，或者根本就沒有那種東西。按理來說，我們根本不能夠對「難以想像的東西」做出任何陳述！因為在定義上，難以想像的東西已經超出我們的想像。

所以，你之所以拒絕對「神」做出陳述，是因為「神」是一種「事物本身」嗎？

是的，也許神就是「事物本身」，但「神」也可能是一種「不可能的事物本身」，也就是某種「本身」根本就不存在的東西，只不過是在我們人類腦袋裡作祟的某種執念。誰會想要對此妄加評論呢？去否認或主張某個「難以想像的神」的存在是很荒謬的！

所以，在你的批評裡，完全沒有涉及到「難以想像的神」，只是涉及到了人們對「神」所做的那些想像？

正是！我並沒有否認「難以想像的神」的存在，因為我對這件事根本不能說些什麼，但我否認人們過去和現在普遍所想像的神的存在。

啊哈！那麼為何你要批評這些想像呢？

因為「神」被賦予了一些無法和我們對這個世界所知道的事情相調和的性質。

能不能舉個例子？

就拿基督教的標準模式來說好了！基督徒相信有位全能、全知、全善的上帝。如果世界是這麼一位上帝所創造的，那麼人們必然會問，為何在我們所居住的星球上會有這麼多的痛

苦與不公不義？這些痛苦是基督徒信奉的上帝所要的嗎？如果答案是肯定的話，那麼祂就不是「全善」，而是個虐待狂。如果這些痛苦不是祂所要的，那麼祂就不是「全能」，因為祂無法消除這些痛苦。

對於所謂「神義論」（theodicy）這個問題，也就是如何在世間充滿惡事的情況下去證明上帝的全善，迄今神學家們都還找不出令人滿意的答案。就連偉大的博學家萊布尼茲，也無法如願以償透過自己提出的現代版神義論，來解決這個問題。不過，我們得承認，萊布尼茲的解答嘗試至少是有原創性的。

為什麼？

為了替「敬愛的上帝」辯護，萊布尼茲試圖為「所有的惡只不過是善的一部分」找理由。在他看來，我們是活在「所有可能的世界中最好的一個」。

什麼，你再說一次？我現在知道萊布尼茲不是「奶油餅乾」品牌，但他倒是滿嘴「鬆餅」（譯註：意指「胡扯」）。看看發生在人類與動物身上的那麼多駭人聽聞的事情，怎麼還能一本正經地說，我們是活在「所有可能的世界中最好的一個」！

我覺得法國的啟蒙哲學家伏爾泰（Voltaire）跟妳還挺像的。在諷刺小說《憨第德》（*Candide, ou l'Optimisme*）裡，伏爾泰讓憨第德遭逢一個又一個災難，在這當中，這位天真的主角始終無可救藥地堅信，自己活在「所有可能的世界中最好的一個」。這部消遣萊布尼茲的諷刺小說，在十八世紀時曾把半個歐洲逗得哈哈大笑。不久之後，悲觀主義哲學大師叔本華（Arthur Schopenhauer）還落井下石地主張，我們活在

「所有可能的世界中最糟的一個」。在他看來，哪怕我們的世界只要再糟一點點，它也許就會根本不復存在。

這在我看來同樣也是太超過！我可以想像，比我們存活於其中的這個世界還要好的一個世界，也可以想像，比我們存活於其中的這個世界還要糟的一個世界。插播一下：如今不是有些神學家會說，地球上的所有苦難，根本不是上帝所造成，而是無法好好應付自由意志的人類？根據這樣的說法，這所有的災難都不該歸咎於上帝，而該歸責於我們人類。

是的，的確是有如此論證的神學家。不過這樣的說法根本站不住腳。就拿幼兒罹患白血病或年輕媽媽死於乳癌為例，這些情況是要如何歸因於人類的意志行為呢？人類的什麼意志行為，該為造成數千人死亡的某場大地震負責呢？還有，對於那些早在人類這個傲慢的物種出現在地球上之前，就已盛行於自然中的可怕災難，我們到底又該如何解釋呢？

想想看，發生在六千五百萬年前的恐龍大滅絕！牠們到底做錯了什麼，得在那麼短的時間內被消滅？想想所有在演化的過程中被吃掉的、餓死的、渴死的、悶死的、淹死的、燒死的動物！生物受苦的哀號聲，早自數百萬年前起，就已響徹雲霄，但卻從未有任何跡象顯示，曾有過哪個「神」出手減輕這樣的痛苦。

在基督徒看來，「上帝」至少顯示過某種形式的同情……

妳的意思是，因為祂曾以某個人的形式出現，而那個人在兩千年前被釘在了十字架上嗎？

如你所知，我個人是不相信這種事的。只不過，唯有當我們把這種古老的宗教觀念納入考量，才算公平。畢竟基督徒不僅相信，

上帝創造了這個包含著所有苦難的世界，他們更相信，祂自己也蒙受過這樣的苦難。

沒錯！但這對世上的苦難有任何改變嗎？當人們相信，「上帝的獨生子」同樣也得禁受可怕的苦難，這會讓眼睜睜地看著自己的小孩痛苦死去變得比較容易嗎？我們難道不該期待，一位全能、全知、全善的神給我們一個更好的解答嗎？至少我個人認為，相信一個先是把自己的創作搞到無可救藥，為了對這些損壞有所補償，接著又讓自己的一部分被釘上十字架的神，真的頗為荒謬！

這時神學家或許會說，我們不能用人類的標準來衡量神的行為……

沒錯。利用這樣的說法，人們便可巧妙地從這灘泥淖中脫身。所有更瘋狂的想法也都能以這種方式來辯護，但我們不該允許這樣的事情發生！因為，除了根據人類的標準去衡量，我們是沒有其他可用的方法。

因為我們無法去感知，獨立於我們知覺的這個世界是如何存在的。

正是如此。因此，正如我們所知道的那樣，我們也只能談論「對於我們而言的世界」。在這個受限的生態棲位裡，我們則完全可以辨別有意義與無意義的陳述。

就是借助邏輯與經驗？

完全正確！邏輯與經驗非常適合做為發現真實的工具，沒有什麼合理的理由可以告訴我們，為何只因碰觸到的是與宗教有關的問題，我們就得馬上捨棄它們！

許多人可能相信，宗教為我們提供了「更高的真理」，那是我們

用科學或哲學都無法理解的。

我知道，但這總是令我訝異！無論如何，許多「簡單的事實」，像是地球的年紀、它在太陽系中的地位或人類的出現等問題，都證明了宗教的種種觀念實在太過離譜。在這種情況下，又有什麼理由能夠證明，宗教偏偏就在「更高的真理」這件事情上是對的呢？如果我們明明曉得，某位建築師所有蓋的房子都會倒塌，我們難道還硬是要找他負責某項大型的建築工程嗎？

當然不會。但大多數的人根本不會知道得如此詳細！有誰會那麼清楚，宗教過去曾經犯下哪些錯誤？無論如何，我在想這是否真有那麼重要。因為過去的已經過去，對我們來說，現在和未來才重要。就目前的情況看來，大多數的宗教代表人物似乎都從過去的錯誤中學到了一些教訓，不是嗎？天主教教會現在不也認同了演化論嗎？

是的，報章雜誌上的確有這樣的消息，不過，如果仔細地審視一下，這其實只是一半的真相。

你該不會是想跟我說，教宗依然相信，地球是形成於數千年前，正如《聖經》所記載！

不，天主教教會如今公開承認，曾經有過持續數百萬年的演化，它造就了如今存活著的物種。此外，教會也接受，人類與黑猩猩有著曾經活在大約六百萬年前的共同祖先。

你看，這不是挺好的嗎！

一點也不！因為天主教教會另外又表示，人類演化的只有「身體」，「心靈」則是上帝額外再創造的。按照這個道理，我們根本也不能用演化來解釋人類「較高的心智能力」、心

理經驗和思考方式。

什麼，你再說一遍？人類的大腦是出自於演化，但我們的思考和感受的方式則否？這到底要怎麼湊得起來？

這妳恐怕得去問教宗了！據我們所知，我們根本無法將身體與精神分開來觀察。在這個脈絡下，還有個滿有意思的問題：「敬愛的上帝」到底是在何時、何地開始為人類添加這個「單獨創造」的心靈呢？是早在大約四百萬年前的阿法南方古猿（Australopithecus afarensis）時期，還是在大約兩百萬年前的直立人時期？尼安德塔人（Homo neanderthalensis）是否已經具有「心靈」？如果沒有的話，尼安德塔人與智人（Homo sapiens）性交所生下的小孩又是如何呢？只有「一半的心靈」嗎？一個問題接著一個問題，都不會有任何合理的答案，因為這整套基本思想是荒謬的！

可是在梵諦岡的那些人應該也知道這一點吧！他們畢竟也不是蠢蛋！為何他們要堅持，「心靈」是上帝獨立於人類的身體另外創造的呢？

因為這樣才能拯救基督教所描繪的人類形象。它是基於這樣的假設：我們人類並非只是屬於這個世界，我們身上還帶有普通的松露豬所沒有的「上帝的火花」。

我們只是想要高人一等！這是可以理解的，不是嗎？我不認為會有人很驚訝耶穌竟然不是生為松露豬，而是生為人類。

但這正是問題所在，我們太過看重自己！這點在人類所創造出的幾乎所有宗教裡表露無遺。仔細想想，這簡直是種無法再誇張的「自大狂」表現。我們這群好不容易才能直立行走的猴子，居然煞有介事地幻想著：「整個宇宙終究都是繞著

我們轉呢！」這實在是太可笑了，我實在是覺得無言。

你的意思是……？

如妳所知，基督徒、猶太教徒與穆斯林認為，這個世界是特別為我們人類所創造的。據說，人類從一開始就被安排在「創世計畫」裡，因為「神」「想要」我們。目前的教宗也曾多次強調這一點。

讓我想一下，我曾在什麼地方讀過一句話……對了，那句話就是：「**我們並不是偶然的、無意義的演化產物。我們每個人都是上帝的思想果實。每個人都是被渴望的，每個人都是被疼愛的，每個人都是被需要的。**」這是教宗本篤十六在他的就職佈道上講的。

好，那你覺得這有什麼問題呢？

妳不覺得在這個句子裡，流露出了對於人類這個物種某種傲慢的自抬身價？妳不妨想像一下宇宙的巨大規模！我們繞著它轉、沒有它就不會有我們的太陽，而太陽其實也不過是銀河邊緣一顆中等大小、不起眼的星星。光是我們的故鄉銀河系，就包含了一、兩千億顆其他的星星。除此之外，還有大約上千億個其他星系，這些星系又分別擁有數十億顆星星。在我們這顆藍色小行星上的我們，居然自大地妄想，一切全都只是為了「我們」而創造?!

沒錯，那樣未免太浪費空間了！

的確！如果整個宇宙確實只是為了「我們」，「敬愛的上帝」創造一個上頭覆蓋著拱形蒼穹的小圓盤，正如《聖經》創世故事的作者曾經想像的那樣，其實也就夠了。

不過這時人們就會想像，「上帝」偏好「較大的東西」，所以在

濃烈的創作慾中，不想滿足於為人類、植物與動物所創造的一個又小又寒酸的故鄉世界。我承認，我很難說服自己，「上帝」創造這個巨大的宇宙是「為了我們」；不過，你的論點也無法令我百分之百信服！

OK，或許以下這個論點會比較具有說服力（這也是我個人反對創世信仰最喜歡的論點之一）：如果我們出於好玩遵從教宗的論調，「上帝」確實從一開始就「想要」人類，我們無可避免地就會遇到這樣一個問題，為何這位「全能者」要繞這麼多奇怪的彎路來達成祂的目的呢?!

說得更清楚一點，為何祂要1）先創造種類繁多的恐龍，讓牠們稱霸地球數百萬年，2）接著創造一顆十公里大的小行星，讓它撞上牠們的故鄉行星，3）藉此讓恐龍滅絕，4）好為一些老鼠般大小的哺乳動物騰出位子來，5）然後再等過了幾百萬年後，才由牠們發展成在祂的「創作」中或許可被稱為「萬物之靈」的智人？

我想問妳：一位展現出如此奇怪的工作方式的「創作者」，會有多麼「聰明」?!即使是再糟的設計公司、汽車製造商或時裝公司，恐怕也不會聘請一位成本效益分析做得如此具有破壞性的設計師吧！

這聽起來的確很荒謬！這種情況比較會讓人聯想到卡通「豆豆先生」，而不是「全能的上帝」。

我也這麼覺得！如果「上帝」所依循的是這麼一套雜亂無章的創世計畫，祂就不配我們稱祂全知、全能，而只是個不由自主胡搞瞎搞的奇怪案例。可是誰會去信奉這麼瞎的造物主呢?!

教宗肯定不會！儘管如此，這麼瞎的一位造物主，或許還是能解釋一些發生在地球上的事……

或許如此。無論如何，有鑑於我們所居住的這個世界，設計得如此愚鈍，有那麼多的破敗、差錯和不幸，根本就沒有必要信仰某個智慧超群的造物主。

而你肯定也不會去信仰某個超瞎、超扯的造物主，是吧？

是的，我是個自然主義者。這代表著，宇宙裡沒有什麼怪事，自然法則不受什麼「神」、「妖怪」、「女巫」、「精靈」或「惡魔」等等的干涉。

這聽起來很合理。可是這種「自然主義」（naturalism）難道不也只是某種不可質疑的信條、教條嗎？我的意思是，你不就只是以信仰「自然主義」來取代信仰「上帝」罷了？

不，自然主義不是教條，而是一種「工作假設」（working hypothesis），也就是一種目前看起來合理的揣測。萬一我們發現，它在宇宙裡似乎有些不太對勁，我們可以隨時再度放棄這種揣測。

所以，你的不信上帝也並不是教條，而同樣也只是某種假設、某種揣測？

沒錯，我並非武斷地不相信上帝的不存在。我只是把「上帝」視為某種糟糕的假設，因為它所製造出的問題，遠比能解決的問題還多。不過，這樣的判斷當然也可能會改變。有朝一日，如果我發現了可以證明基督教上帝存在的明證，我或許隔天就會再上教堂。然而，至今為止，我卻還看不到這樣的證據，我猜想往後也大概就會是如此。

那麼，到底什麼是能夠證明基督教上帝存在的明證呢？

如果這個上帝確實存在，而祂也想要和我們溝通，正如信徒們一再宣稱的那樣，對祂這樣一位「全能者」來說，應該不是什麼特別困難的事情。所以祂大可在聯合國大會上，化身為燃燒的荊棘，來一場熾熱的演講，或是在空中寫一段巨大、無法磨滅的訊息：「親愛的被創造者，我是上帝，我確實存在！相信我，一切都會變好！」

但是祂目前做了什麼呢？祂讓據說是祂自己的一部分給歷史上的外來政權釘死在十字架上，並且認為人們可以從中得出一些正確的結論。祂寧願在偏僻的地方現身於「聖母」瑪莉亞面前，託付任務給她，卻不願意在國際性的場合現身，例如奧運的開幕儀式。這種幼稚的捉迷藏到底算什麼呢？如果我信奉這樣的一個神，我自己都會覺得好笑！至少我會強烈建議我的創造者，趕緊把祂的公關換掉，因為至今為止「上帝」對於祂創造出來的人類，所採取的溝通策略，套句時下的流行語，實在是很不專業！

我明白了，提到這個主題，你就會火力全開！不過，還是讓我們稍微嚴肅一點來討論事情，好嗎？你不是說過，「上帝」這個假設，所製造的問題比所解決的問題還多。你所指的是什麼問題呢？

首先是「解釋世界」的問題。我們所認識的宇宙所具有的性質，正是當它的背後並未隱藏任何上帝的神聖計畫，而只有偶然與必然盲目地交互作用時，可以預期會有的那些性質。如果我們把「上帝」加進我們的「世界等式」裡，我們立刻就會陷於解釋困境中，因為我們無法在任何地方發現某種干預自然法則的「更高力量」的作用。要是我們還額外賦予這

種「更高力量」諸如全能、全知或全善等性質，我們將完全無法理解，為何世界會像它現在這樣，尤其是，為何世上會有那麼多的苦難。

嗯，這點我們已在「神義論」問題的脈絡中提過。

沒錯。「上帝假設」所衍生出的另一個問題是，當今社會常見的一些道德與政治方面的負面後果。眾所周知，「上帝」這個概念在人類史上一再被用來當作統治合法性的工具。當世俗與宗教的領袖想要遂行自己的強權政治利益時，每每就會召喚「萬能的神」來助陣。舉例來說，基督教的十字軍就在高喊「這是上帝所願！」之時，在「聖地」耶路撒冷展開血腥的屠殺，就連納粹黨也是一邊高呼「上帝與我們同在！」一邊發動了戰爭。

這種事情並非只有過去才有，對吧？你會怎麼解釋這種以神之名的行為依然如此受歡迎？我想到一個類似的例子，就是穆斯林的自殺炸彈客。這些人也是受到了「神期待他們做出犧牲」的指示，被派往做案的地點。

這確實是種絕妙的統治策略！如果我是個暴君，或許也會運用這種策略：「我，受到神所保佑的統治者，能夠憑藉宇宙中最強大的力量呼風喚雨——雖然我幾乎可以肯定這股力量根本不存在。」

你認為，那些以「神」為名的人，事實上根本不信「神」？

不，這麼想就太過簡化了。的確會有某些統治者，單純只是把「神」這個概念當作權力工具。不過，大多數的統治者或許是相信他們自己所宣稱的，否則的話，他們可能很難打動他們的下屬。好的演員並不常見，可是在政壇上……

為何我們會那麼容易受到這種權力策略的影響呢？

這或許和我們是「會想去模仿矯揉造作榜樣」的靈長目動物有關。如果有位外星來的靈長目專家造訪地球，他或許很快就會察覺黑猩猩族群與敬神禮拜的相似之處。

如果他不曉得「神」這個概念，或許會把「神」描述成「虛構的社群首領」，人們會用各種謙卑的姿態去安撫祂，因為人們認為，當他們遭到危險的威脅，那個「神一般的長老」可能會幫助他們脫離困境。

你這樣有點超過了吧！

不會的。妳不妨仔細想想人類的文化，那些懂得讓人以為他們和「雲端上的虛構社群領袖」關係特別好的人，究竟能從中獲得什麼好處？在大多數的情況裡，他們能藉此提高自己在人類階級體系中的地位！我們的近親黑猩猩也有十分相似的情況。在黑猩猩族群裡，地位較低的黑猩猩也會以謙卑與奉承的姿態去討好居統治地位的領袖，藉此來提升自己的地位。

我承認，沒有任何具有理智的猿猴，會接受某個虛構、假想的社群領袖的感召，但身為「萬物之靈」的我們人類卻會如此⋯⋯

好了，這下你也該褻瀆夠了。我想問問你，難道沒有任何神的概念是你可以勉強接受的嗎？

當然有！在所有的宗教裡，有一些神秘的傳統，這些傳統不把「神」看成某個具有特殊性質的人，而是看成「整體的統一」。我們無法將任何特殊的性質歸給這樣一個非人、難以想像、「神秘的」（秘密隱藏的）「神」，因為所有的性質

都結合在祂之中。祂並不自外於自然，而是在自然的所有表現形式中與自然合而為一。不過，叔本華卻認為，這種將「神」和宇宙等同起來的「泛神論」（pantheism），基本上，只是一種比較客氣的「無神論」（atheism）。

這是為什麼？

很簡單，一個「無所不在」的「神」，同樣也會是「哪裡都不存在」！祂是每個教堂、清真寺、猶太教堂的組成部分，但同時也是每個妓院、同性戀桑拿、無神論者固定聚會的組成部分。無論是火星還是金星都是祂的家，無論是在一朵向日葵裡、還是在一場死刑裡，祂都同樣怡然自得。立於這樣的「神」之上，根本建構不出任何的宗教，無法有任何的佈道、教條，任何的戒律與禁令。或許這也就是為何，所有信仰宗教的神秘主義者都得面臨如此多的迫害。

義大利的思想家焦爾達諾・布魯諾（Giordano Bruno），就是其中的一個例子。他在四百多年前就已主張，宇宙是無限的，宇宙的中心既非地球、也非太陽，生命不僅存在於地球，也存在於其他的星球上。

布魯諾的「上帝」和宇宙是一樣地無限，這也就是為何，他對於「上帝」偏偏只以某個人類的形體、面目現身這種想法感到好笑。因為他這種「不得體的」思想，在被關押於不見天日的地牢七年後，布魯諾最終於一六〇〇年被燒死在宗教裁判所的柴堆上。

焦爾達諾・布魯諾的想法聽起來頗為現代。

是的，如今我們知道，布魯諾確實在許多事情上說對了。遺憾的是，在他所身處的那個時代，人們難以接受他的說法。

他遠遠超越了他所屬的時代！妳瞧，生命總在處罰那些「生不逢時」的人……

「**如果馬也信奉神明，那些神明應該就長得像馬！**」這項感悟是出自於古希臘哲學家兼詩人色諾芬尼（Xenophanes of Colophon，570～470）。他對於「神」與人之間離奇的相似性感到訝異，尤其是深色皮膚的衣索匹亞人所信奉的神，其膚色為黑色，淺色皮膚的色雷斯人（上古時期的印歐民族）所信奉的神，卻是碧眼、紅髮。色諾芬尼雖然還沒走到徹底質疑神明存在的這一步，但他否認人類針對「神明」有能力說出什麼有意義的事。

古希臘哲學家普羅泰戈拉（Protagoras，490～411）也是採取類似的立場。「人是萬物的尺度」，這句名言便是出自於他。普羅泰戈拉所指的並不是我們應該要讓地球聽命於我們，一如《聖經》所說的那樣；事實上，他指的是，我們應該意識到自己的侷限性。在他知名的著作《論神》中，普羅泰戈拉表示：「至於神，我是不可能知道祂們到底存不存在，也不可能知道祂們是什麼樣子。有許多因素阻礙了我去知道這些事情，像是問題的晦暗不明，還有人生的苦短。」

直到過了兩千五百年之後，這種明智又謙卑的心態，才被賦予了一個適當的名稱：「不可知論」〔agnosticism，源自於古希臘文「a」（沒有）和「gnosis」（認識）〕。這個詞彙是出自英國生物學家湯瑪斯・赫胥黎（Thomas Henry Huxley，1825～1895），他或許是達爾文最重要的戰友，甚至還因為英勇地為演化論發聲，而獲得了「達爾文的鬥牛犬」這樣的稱號。

赫胥黎指出，某些事情，例如與上帝的存在有關的問題，原則上是無法被解釋的，此外，認真的科學家千萬不要誤以為自己可以擁有「完全可靠的知識」（參閱上一章的說明）。不過，這隻「達爾文的鬥牛犬」卻從未顯露過「不可知論的怯懦」，也就是他從不會因為貪圖安逸，而逃避去說明那些令人難堪的問題。當英國演化生物學家理查・道金斯（Richard Dawkins，1941～）表示，基督教上帝的存在大概就和牙仙的存在一樣（不）可能，赫胥黎或許會為他的這位「精神繼承人」喝采。

　　在赫胥黎提出「不可知論」的前幾年，德國哲學家路德維希・費爾巴哈（Ludwig Feuerbach，1804～1872）發展出了一套哲學方法，這套方法同樣也能回溯到色諾芬尼的思想，也就是「神」只是人類的想像與希望的投影面。在他看來，不是「上帝」根據自己的形象創造了人類，而是人類根據自己的形象創造了「上帝」，恰恰跟《聖經》所寫的相反！

　　卡爾・馬克思（Karl Marx，1818～1883）也是這麼認為。身為社會批評家的馬克思，將自己的重點擺在信仰的社會功能上。根據馬克思的說法，宗教所許諾的「人民的虛幻幸福」之所以如此成功，無非只是因為（在既有的社會條件下）「人民的真實幸福」遭到了排除。在這個脈絡下，馬克思說出了也許是現代哲學史中，批評宗教最著名的句子：「宗教是受壓迫的生靈的嘆息，是無情的世界的善心，是沒有靈魂的狀態下的靈魂。它是人民的鴉片。」

　　當馬克思在寫下這幾句話的時候，他可能沒有想到自己的學說會在二十世紀演變成一種宣揚到全世界的基本教義政治宗教。在一九七一年俄國的十月革命發生後，他的作品被提升到《聖

經》的層級，共產黨的領導人宣揚馬克思主義的狂熱程度，完全不亞於過去教士們宣揚《聖經》。在「共產信仰」的統治區域裡，人民對於馬列主義的正確性不能有所懷疑，正如過去中古世紀的人民也不能對教會宣稱的真理表示質疑。每個批評者都會被共產主義的「異端裁判所審訊官」嚴酷地問責。膽敢質疑「主流意見」的「異端」，就必須擔心自己的生命安危，境遇跟焦爾達諾・布魯諾沒兩樣。

「馬克思主義者」（他們往往不太和馬克思有關，而且經常還會拚得你死我活）的災難性發展，令人印象深刻地顯示出了「無神論」（拒絕神的信仰）並不「必然」就比「有神論」（theism）高明。因為，不管有沒有「神」，只要人們認為存在著「神聖的」事物——只有精神或政治領袖才有特權發表、永遠不可侵犯的論述——這個問題就會無可避免。事實上，早在兩千多年前，前蘇格拉底時代的哲學家們就已經知道這一點！是時候也讓這樣的認知蔓延。

死亡之後
是否還有生命？

我覺得，我們在關於「神」的對話中忽略了某些重要的東西，那就是「死亡後的生命」這個問題！許多人之所以相信「神」，難道不就是因為無法接受自己必須死？這種對於死亡和不確定性的恐懼，不曉得在死亡之後是否或許還會有些什麼，難道不是許多人想在宗教裡尋求慰藉的重要理由嗎？

這是個很有趣的問題。我不禁聯想到，在前不久我又重讀了一次的《懺悔錄》（*Confessiones*）裡頭的一個段落。《懺悔錄》是「教會聖師」奧古斯丁（Aurelius Augustinus）所寫的。妳要知道，在奧古斯丁皈依基督教之前，他曾過著極度「放蕩」的生活。在他的「懺悔」中，他直言不諱地提到了這一點，也提到了他最終為何放棄「肉慾享樂」的理由，他表示：「除了對於死亡和審判的恐懼以外，沒有什麼能讓我遠離肉慾享樂的深淵。在這樣的恐懼中，我和我的朋友談論了最高的善與最大的惡，在這當中，倘若我也相信伊比鳩魯（Epicurus）所否認的靈魂不死及人死之後按功過受賞罰的說法，那麼，在享樂中發現至善的伊比鳩魯，肯定會在我的思想上佔上風。」

這就是我要說的！相信在死亡之後還會有「另一個生命」，這種想法讓許多人，雖然可能還是帶有懷疑，寧可去信奉某種宗教。至於「人死之後按功過受賞罰」的觀念，如今似乎已經沒那麼流

行了，對嗎？

　　嗯，如今在西歐情況確實如此，可是在世界上的其他地方，這類不管採取何種形式的「死後審判」的觀念，依然十分盛行。不僅在非洲大陸、南美和近東情況如此，就連在美國，大多數的人也仍然相信「地獄」和「惡魔」的真實存在。

真的嗎？我完全無法想像！

　　因為妳是在一個極為「世俗化」的國家裡長大！如今大多數的德國人，無論他們有什麼宗教信仰，再也沒有那麼死忠地信仰自己的宗教。然而，在幾十年前情況完全不同。當時人們確實還十分恐懼，自己在結束了人間的生命後，可能會在地獄遭受無盡的折磨。妳不妨去問問爺爺奶奶他們那一代的人！

OK，可是如今我們基本上已經擺脫了這樣的觀念，是吧？

　　是的，對於大多數的人來說，地獄的威脅已經失去了嚇阻作用。如今在德國，就連教士和神學家，往往也只是說著某種「虔誠的方言」，它們聽起來雖然很有宗教味，但實際上卻再也不是那麼回事。舉例來說，德國福音教會的前主席胡柏，便曾在某個談話節目中表示，雖然地獄還是存在，但它卻是「空的」。這樣的說法聽起來雖然和藹可親，但恐怕卻會鬆動教會成員信仰的堅定。

為何？

　　因為一位和藹到連蒼蠅都捨不得加害的「上帝」，將再也不會在人類的生活中扮演吃重的角色！相信一個不管我做什麼都會原諒我的「好好上帝」，也許會讓我感覺良好，卻不會讓我去服從那些我不接受其意義的教律。

舉例來說，如果順從自己的性取向，不會讓同性戀者及其性伴侶招來任何惡果，為何他們要放棄？人們之所以會服從這樣的教律，無非只是因為計算過在違規的情況下，自己所必須付出多少的「代價」。《聖經》與《古蘭經》裡的地獄處罰會描述得如此駭人，並不是沒有理由的。

聽起來很有說服力！如果我會失去很多，當然就會自我節制。我會盡量別去做那些美妙但是被禁止的事，因為我害怕死後要永遠在地獄裡接受水深火熱的煎熬。

正是如此。說到這，我就不禁想起著名的「帕斯卡的賭注」（Pascal's wager）。妳有聽過嗎？

「帕斯卡的賭注」？沒有，我從來沒聽過……

布萊茲·帕斯卡（Blaise Pascal）是十七世紀時一位傑出的法國數學家，他同時還是物理學家與哲學家，更被譽為「機率論之父」。不過，帕斯卡卻也是位非常、非常虔誠的人，相信他在數學上為自己的虔信找到了一個令人信服的基礎。他認為，把賭注押在上帝和永生的人只會贏，不信上帝的人則必然會流落於失敗者之路。

為什麼？我不懂。

帕斯卡計算了四種信與不信的輸贏情況。第一種可能的情況是，你相信上帝，上帝也確實存在。在這種情況裡，你的信仰會得到在天國的永恆幸福做為獎勵，換言之你贏得了「死後的頭彩」！在帕斯卡看來，這明明白白就是信仰的正分，所以目前的局面就是一：○。

嗯，聽起來有點道理。

第二種可能的情況是，你相信上帝，但上帝並不存在。在這

種情況裡，你雖然搞錯了，但你在死後卻也因此既不會有所得、也不會有所失。所以目前還是保持在一：○的局面。

聽起來還算合理。

第三種可能的情況是，你不相信上帝，上帝確實也不存在。你的猜測雖然正確，不過，在你死後，你同樣也不會因此而有所得。所以局面繼續維持在一：○的狀態。

沒錯。

第四種，也是最後一種可能的情況則是，你不相信上帝，但上帝卻存在。在這種情況下，你可以說是抽到了鬼牌，同時因為帕斯卡深信，你這種不得體的不信，會被處以永恆的地獄酷刑！對於那些不信上帝的人來說，這無異是一記要命的「烏龍球」！於是，在這場比賽中，信仰上帝隊終場就以二：○完勝。所以，在帕斯卡看來，信仰上帝才是合理的，就算祂的存在再怎麼不可能！

哇！誰想得到這樣的說法呢？乍聽之下，的確還滿言之有理的，不是嗎？

沒錯，「帕斯卡的賭注」確實影響了許多的人。只不過仔細想想，帕斯卡的計算根本錯誤連篇。

喔，是這樣嗎？你指的是哪些錯誤？

這場打賭賴以為基礎的那些前提條件定義不清，就已經是個問題。帕斯卡假設，我們必須把「神」和基督教所流傳的「天父」、「上帝」等同起來。然而，眾所周知，基督教的上帝，只不過是我們人類歷史中所發展出的無數神明概念的其中之一。為何偏偏就是「這種」神的概念被拿來做為這場打賭的前提條件呢？人們同樣可以像印度教的「多神論」

（polytheism）那樣，以多神信仰為出發點，最終就會得出基督徒與非信徒之間〇：〇的和局。畢竟，對於印度教的梵天、濕婆和毗濕奴等神祇來說，無論一個人在有生之年是否相信某個猶太流浪傳道者（耶穌）的死而復生，根本完全無所謂。

或許是吧。

正如帕斯卡有權假設基督教上帝的存在，我們同樣也有權假設，存在著一位「反基督教的上帝」，這位上帝喜歡把無神論者送上天堂、把基督教徒打下地獄。如此一來，諸如帕斯卡、本篤十六之流，將會苦吞〇：二的慘敗！

哈哈哈！這聽起來雖然有點怪，不過你是對的，按理來說，的確也不無這樣的可能……

此外，在帕斯卡的計算中，對於在人世間的生活中因為信仰所可能付出的代價，他完全避而不談。也唯有如此，他才能宣稱，萬一上帝並不存在，信徒也不會有任何損失。

信仰到底得要付出哪些代價？

且讓我們以同性戀的信徒為例：如果一個同性戀者基於信仰而壓抑自己的性傾向，他就剝奪了自己在人生中得到性滿足的機會。這絕對是我們必須考慮在內的高昂代價！另一個例子則是那些會拷打自己的苦修人士，他們認為透過這樣的方式，自己能夠特別接近被釘死在十字架上的「彌賽亞」。帕斯卡自己就是一個血淋淋的例子，他恰好證明了，在極端的情況下，信仰上帝可能付出多麼昂貴的代價。因為，在歷經了一場宗教覺醒後，他心心念念的就只有追隨在十字架上受難的「救世主」，因此深信在「久病不癒」中，可以見到「基

督徒的自然狀態」。在帕斯卡看來，處在久病不癒之中，一個人才能是他「永遠應該是」的那個樣子。

喔，我的天啊！

遺憾的是，帕斯卡並非屬於「嘴唸經手摸奶」、說一套做一套的那種人。他可是很認真嚴肅的！帕斯卡之所以三十九歲就英年早逝，與他超級嚴格的苦行生活方式不無關係。兩百多年後，尼采對此評論道：「**我們絕不該原諒基督教，居然毀滅了像帕斯卡這麼優秀的人物！**」

我懂，這個可憐的傢伙，居然為了那種「高度不確定」的死後生命，白白犧牲了自己在人世間的美好人生。這聽起來實在不像他所想的那麼理性。

是的。此外，我想反駁的是：相信天堂和地獄，是屈服於基督教上帝的好理由。

為何？

假設，天堂和地獄的確以帕斯卡所想的那種方式真實存在，在這樣的情況下，是否真能證明，為了上天堂而爬上十字架確實合理，雖然其餘的人都得遭受永恆烈焰的焚燒？肯定不行！這種「同路人」的想法，完全無法在道德上取得正當性！「地獄的威脅」被帕斯卡評價為支持信仰最有力的論據，然而，這卻是反對這樣一種信仰的最佳論據。

因為身為具有道德感的人類，根本不該去屈服於某個以永恆的地獄之火來逼迫別人的宗教。現代的神學家之所以揚棄這種永遠在地獄裡受罰的思想，這肯定也是一個重要的理由。甚至當有人向他們指出，在《新約聖經》裡，耶穌一再地以地獄之火、以「罪人」會被丟入其中永遠遭受焚燒的「火爐」

來威脅人，這些神學家往往還會感到尷尬。

咦，這難道並非只是教會虛構的嗎？耶穌自己居然會以死後的永恆之火來威脅人？

是的，這種情況多次出現在《聖經》裡。只不過時至今日，人們很少會在佈道中提到這些事情。因為現代的神學家當然心知肚明，以永恆的折磨來威脅受過啟蒙的人，不僅會讓人覺得不可信，還會覺得不道德。畢竟，沒有什麼罪惡會嚴重到處以永恆的刑罰會是適當的！

OK，讓我們暫時先放下地獄的威脅。畢竟，如你所說，在德國它已經沒有那麼被人看重。對於人類來說，更重要的是正面的那一面，也就是死後永遠幸福的承諾！這不難道才是宗教的真正王牌嗎？

喔，關於這點我也存疑。妳一定也聽過這句俗話：「沒有什麼會比一連串的好日子更令人難以承受。」現在我們再把「一連串的好日子」乘以「無限」這個因數！所得出的結果恐怕不會讓我們喜歡。如果我們可以不死，我們將會無聊得要死。就算我們在死後的世界裡日復一日都認識一些新的人，就算可以在天堂裡舉行最瘋狂的狂歡派對，頂多過個一百萬或十億年後，我們就會厭煩了。

女作家埃絲特·維拉爾（Esther Vilar）曾經針對這個主題寫了一本有趣的書，叫做《天堂的恐怖》（*Die Schrecken des Paradieses*）。簡單來說，她的意思就是，如果我們被迫坐在上帝的右邊（雖然這非常不可能），或許會在歷經多年的天堂無聊生活後，向上帝跪地求饒，求祂讓我們從折磨人的不死詛咒中解脫！所以說，只要我們想得更清楚一點，基督教

的「王牌」——「永生」，瞬間就會變成「鬼牌」。因為人類實在無法承受沒有高低起伏的永生，實際上正是「存在的有限性」賦予了生命滋味！如果擁有無法失去的「永生」，我們的存在將會黯淡、空虛。

我完全沒有想到會有這樣的事。只不過，在「死後的生命」這個問題上，我所想的比較不是「基督教的天堂」，而是「重生」。在這種情況下，根本不會發生「永恆的無聊」這種問題，因為人們會一再重新開始。這難道不是一種很美好的想像嗎？

這我可不確定，難道妳想一再出生為蟑螂或條蟲嗎？或者，妳有興趣連續數千次當個必須死背畢氏定理的小孩？

呃……不是很想……

看吧！假設我們確實會重生，而且還會保有自己的部分人格，就連這種情況也不是什麼宜人的想像！也因此，就連相信轉世的印度教徒與佛教徒，也不致力於求取重生，反倒希望能夠脫離「轉世輪迴」，達到「梵」（brahman，亦即印度教所相信的世界本源）或佛教的「涅槃」（nirvana）境界。

所以說身為信徒，他們的目標不是死後繼續生存，反倒是「我」這個人根本再也不存在嗎？

正是如此。就這點來說，我們自然主義者有一項明顯的優勢。因為我們肯定不必實行任何複雜的宗教儀式，藉以阻止「重生」。取而代之，我們所走的是「即時涅槃」的路線，因為我們知道：當我們死去，我們就是死去了。對我們來說，過世之後並不會發生任何事情。

你怎能如此確定？

如妳所知，我並不認為自己擁有「絕對確定的知識」。不過，

如果我們將所知道的一切事實，以合乎邏輯的方式組合起來，就會很清楚，一個個體在生物性死亡後繼續存活，絕不會比蜘蛛人、牙仙或義大利麵妖的真實存在更有可能！

為何？

因為我們的人格是取決於大腦的神經元結構，脫離了大腦就沒有「自我」！因此，大腦的生物性功能的終結，必然也代表著我們個人存在的終結。

你對於這點難道沒有什麼合理的懷疑嗎？

是的，至少根據我們今日的知識水準是沒有；況且，我們也沒有其他的知識可以憑藉。「靈魂」可以某種方式獨立於身體存在，這種觀念雖然在我們的文化發展中流傳甚廣，不過我們幾乎可以肯定，這只是一種幻象。像是大腦因意外、疾病或基因畸變而受損的人，他們的情況就能清楚說明這一點。舉例來說，罹患阿茲海默症進入後期的人，就再也不是他們從前曾是的那個人，他們的人格早在肉體死亡之前就已經消失。這時我們不得不問，要是死了一些神經元，如同阿茲海默症的情況那樣，都會造成一個人的人格喪失，那麼如果由於腦死導致所有的神經元全都死掉，一個人的人格到底還能如何保持？

你說得有道理，的確不太可能還能保持！所以說，我們應該拋棄「死後的生命」這種想像嗎？

在我看來，是的，我們不該沉醉於任何的幻象，這也會帶來一些比較正面的結果。因為，如果真有所謂的長生不老藥「賢者之石」，它或許反而會變「墓碑」！

乍聽之下頗耐人尋味，不過，你所說的到底是什麼意思呢？

當我們意識到生命是有限的，就會特別珍視這「一條」生命！畢竟，我們不能期待，自己在人世間短暫的客串演出之後，會在天堂得到永生，或是反覆地重生。我們必須了解，只有眼前這「唯一一次」的機會，去有意義地過自己的人生。如果不好好把握，讓它白白地從手中溜走，就會錯過我們所能經歷的一切！

我懂了，如果死後沒有生命，就會讓死前的生命更有價值。

沒錯，也因此，古希臘哲學家伊比鳩魯的支持者，基於我們所提到的對於生命的有限性的認識，得出了「把握當下」（Carpe diem）這句箴言！

他們所要表達的是什麼意思呢？

伊比鳩魯的建議是：由於你會死，所以不應該等到明天再去享受人生。別把你的人生浪費在無謂的事情上，應該試著就在今天、當下，為你自己的人生賦予長久的意義。因為，你在宇宙中的這顆「塵埃」上的存在，可能會比你所預期的更快消失。

「把握當下」對今天來說的確是個很好的關鍵字，不是嗎？這讓我想到一個不錯的主意：你要不要現在就請我去吃頓飯呢？誰曉得，你將來在上了年紀以後，還有多少機會請我吃飯呢……

哈哈，好啦，好啦！我看妳是真的掌握了伊比鳩魯的思想精髓，居然還會來個現學現賣！

「我並不相信死後還會有生命，不過，無論如何，我總會帶著內衣褲去換洗。」藉由這句話，美國知名的演員、導演兼作家

伍迪・艾倫，逗趣地描繪了現代人對於「永生」所抱持的態度。一方面，我們大多數人都知道，幾乎可以完全排除人在死後繼續延續生命這種可能，但另一方面，我們又不想完全接受這樣一個令人清醒的事實。

由於我們很難面對自己的有限性，於是大多數的世界性宗教，都發展出了某種「永生」的觀念。就連在古代民族的神話裡，這種想法也扮演了重要的角色。比方說，在四千五百多年前，古埃及人就相信死神歐西里斯（Osiris）主宰著冥界，會根據死者在人世間的言行對他們算總帳。在希臘神話裡，古希臘人也假設到了地府的死者會受到冥王黑帝斯（Hades）的審判。而褻瀆神明的人，惡行最是嚴重，他們會被打入冥界最底層的區域，必須在那裡遭受沒完沒了的折磨。

這類想法讓許多人心生恐懼。在所有重要的哲學家當中，古希臘哲學家伊比鳩魯（Epicurus，341～271）或許可以算是最偉大的好人，他曾嘗試為人類緩解這樣的恐懼。在他著名的《致美諾西斯的信》（*Letter to Menoeceus*）中，伊比鳩魯寫道：「請你養成相信死亡對我們沒有任何意義的習慣。因為，所有好的與壞的都是知覺所造成。而死亡就是知覺的喪失……所有壞事中最恐怖的壞事，死亡，對我們沒有任何意義；因為，只要我們在，死亡就不在；反之，只要死亡在，我們也就不在。」

即使時至今日，我們恐怕也無法比他說得更精準！無論如何，這位在兩千三百多年前宣揚「人間小確幸」的好心哲學家所寫的東西，在今日許多人看來，簡直是前衛得驚人。儘管如此，伊比鳩魯的哲學，在過去的許多世紀裡，卻遭到了高度鄙視。

在受過良好教育的基督教信徒圈裡，「伊比鳩魯信徒」（享

樂主義者）一詞甚至成了一種罵人的話，用來辱罵那些為了高調的感官享樂拿自己的「永生」開玩笑的人。然而，伊比鳩魯的凱旋終究是勢不可擋，儘管如今絕大多數「實質上的伊比鳩魯信徒」，恐怕根本聽都沒聽過這位古希臘哲學家的大名。

伊比鳩魯的思想影響了我們面對死亡的態度，所以當德國的歌舞表演藝術家約爾根・貝克（Jürgen Becker）說出他最發人深省的笑話之一，台下所發出的會心一笑遠多於激憤。他說：「不管怎樣還是『笑』，這就叫幽默。不管怎樣還是『想』，這就叫哲學。不管怎樣還是『死』，這就叫宗教。」這句妙語無疑已在「伊比鳩魯的花園」裡製造了歡樂。

一切都只是
暫時的嗎？

關於我們昨天的對話，我後來又想了一遍，而且我還想了你在晚餐時所告訴我的關於伊比鳩魯的事。這一切乍聽之下確實非常美妙。如果我們接受，在死亡之後並沒有生命，那麼就會特別珍視死前的生命。此外，我們也無須恐懼死亡，因為可以這麼想：只要死亡在，我們就不在。儘管如此，我還是覺得這種態度似乎過於低估死亡。因為當我們知道，自己或所愛的人在短時間內就會死去，還是會帶來非常猛烈的衝擊。你不這麼認為嗎？

> 我當然同意妳的看法。所以伊比鳩魯的智慧，當然無法掩蓋這樣的事實：每個生命的終點都會有一場悲劇、有一場我們都無法獲勝的戰鬥。這樣的命運，不僅我躲不過，很遺憾地，妳也一樣躲不過；所有正在閱讀這幾行字的人躲不過，所有沒在閱讀這幾行字的人也一樣躲不過。我們每個人都將失去我們所愛、所珍視的一切。死亡可謂是「向一切永遠告別」，這種分離之痛讓我們感到如此地悲痛。

是的，這不僅會撼動死者，當然同樣也會撼動必須告別死者繼續活下去的生者。一個人們愛過、對他懷有無限感激的人，就這麼忽然永遠地消失。突然間，先前曾有個人的地方，只剩下一個缺口……

> 人們再也無法見到他的笑容、聽到他的聲音、感受到他的溫暖……這確實是既恐怖、又殘酷，特別是，如果死者還很年

輕、基本上應該還有很長的人生。遺憾的是，根據大自然的遊戲規則，不是每個人都能在歷經漫長且充實的人生後，安詳地在睡夢中死去。許多人會在「人生的中段」就與世長辭。有時候，子女會在十分年幼時就失去父母，情人會在關係最美好的時候失去伴侶，更悲慘的則是父母得要面對子女的死亡。

我實在想不出還有什麼比這更恐怖的了！妳知道嗎，我現在已經可頗為平靜地看待自己的死亡，然而，一想到我的子女有朝一日也難逃一死，我就……難過到說不出話來！

你經常會想到這些事情嗎？

不會，這樣是不太健康的。不過，三不五時自我提醒一下，所有依附著我們的事物有多麼地脆弱和短暫，倒也不壞。

所以我們應該學著去接受，一切都只是暫時的，終將成為過眼雲煙？

是的，因為現實就是如此，即使這樣的認識對我們來說是痛苦的。我突然聯想到一件事，妳記不記得有一部經典影集《六呎風雲》（*Six Feet Under*）？

是不是關於一家葬儀社的影集，每一集都有人以奇怪的方式死去？

對，這部影集的結局格外令我印象深刻。在最後一集的結尾處有一段片尾字幕，以快動作的方式呈現影集裡的主角們是如何相繼過世，直到世上再也沒有任何人能記得他們的人生。它赤裸裸地顯示出，有朝一日將會降臨在我們每一個人身上的命運。我們每個人都將被遺忘，就連遺忘也將被遺忘！沒人會記得，我們曾經多麼認真、希望、擔憂、愛人與

被愛，曾經多麼努力讓自己還算體面地度過了有生之年。

現在我漸漸覺得有種憂鬱感……

是的，不過當我們了解到「過去」代表什麼意思，也就是「我們所有的努力最終都是沒用的」，這樣的感覺就會停止。因為無論我們做了什麼，都無法創造出任何具有恆久不滅價值的事物。

我們的子女與子女的子女，和我們一樣也會死。如果我們在某方面贏得了名聲或讚譽，它們也不可能是永久的。我的朋友卡爾海因茲・戴許納（Karlheinz Deschner，德國當代著名學者暨作家，以反對基督教聞名）曾經寫道：「**名人就是人們不久之後便會遺忘的人。**」

所以說，沒有「不死的名聲」嗎？

當然沒有！許多從前在世的時候非常有名的人，如今早已為人所遺忘。一、兩百年之後，是否還有人記得麥可・傑克森，恐怕都是問題。

真的假的？可是貝多芬和巴哈又該怎麼說呢？幾個世紀以來，他們始終聲名不墜。或者你曾經引述過的那些哲學家？像普羅泰戈拉、蘇格拉底和伊比鳩魯，他們早在兩千多年前就已離開人世，儘管如此，他們的大名還是沒有被世人所遺忘。

妳說得沒錯，而且我認為就算再過一百年，情況也是如此。只不過，如果把地球的年紀考慮進去，兩千年的時間，說實在也不算特別長──兩千年與四十五億年相比，真可謂小巫見大巫。就算只是相較於人類這個還算年輕的物種，兩千年的時間也只不過是人類歷史的百分之一而已。

問題是，二十萬年後，也就是當我們智人這個物種的歷史翻

倍時，還有人知道這些偉大的哲學家嗎？到時候，是否還存在著記得些什麼事情的人類，也許都是個問題。關於這點，我們完全無法肯定。想想我們的祖先直立人，曾經居住在地球上將近兩百萬年，而被認為是「萬物之靈」的智人，是否也能存續這麼久的時間，還是個未知數。

你怎麼會這麼想？

一個文明的技術水準發展得越高，它自我毀滅的危險就越大！如今人類會分裂原子、透過衛星溝通，但我們是否也成熟到足以妥善處理這些高效的技術呢？對此，我個人是深表懷疑。

我曾在某本著作裡描述過這個問題，我是這麼寫的：一方面，我們帶著高科技進入了二十一世紀，另一方面，我們的世界觀卻還是經常受到千百年前的傳說所影響。這種由高科技專業知識與幼稚天真的信仰所構成的組合，真能長久好好地走下去嗎？恐怕不行。這就好比，我們是五歲的小孩，卻被賦予駕駛巨無霸噴射機的重責大任，發生失控墜機的慘劇，不過是時間早晚的問題。

你的意思是，萬一核子或生化武器落到一群恐怖分子手裡嗎？

是的。不過，也有可能我們會不由自主地自我毀滅，因為我們在處理技術能力時往往粗心大意，例如使用核能就已經默默在破壞我們迫切需要的自然資源。

對啊，這類跡象真的越來越多。但我們也能從錯誤中學習，對吧？

當然，我們畢竟是個很有學習能力的物種，也許確實可以比直立人在地球上存活得更久。不過，這完全改變不了我們和

許多物種一樣，有朝一日也會滅絕這件事！因為人類的存續並非單單只取決於人類本身，火山爆發、來自外太空的彗星撞擊等等，都可能在短時間內毀滅我們的文明。如此強大的自然力，即使憑藉我們人類所掌握的科技，也一樣是束手無策。

這當然同樣也適用於太陽的發展；它那滋養生命的能量是我們所仰賴的，但九億年後，太陽的發光強度會銳減，將導致地表的平均溫度落在攝氏三十度左右，對我們這樣的高等生物，情況將會十分嚴峻。十億年後，地球的溫度將攀升到攝氏一百度，這時恐怕只有某些微生物能活下去。而到了七十億年後，太陽將衰變成一顆紅巨星，將吞噬金星和火星，地殼會變成一片熾熱的熔岩海，最晚到了那個時候，地球上的生命歷史將走向終結。

情況看起來似乎不是很樂觀！不曉得是什麼緣故，我總覺得有點可怕，雖然那是在很遠的將來才會發生的事。可是，人類離開太陽系，遷往宇宙中的某個地方，這至少在理論上是可行的，不是嗎？

由於距離十分遙遠，這種事情其實不太可能！不過，就讓我們極度樂觀地假設一下，未來的人類的確能夠在宇宙中某個遠得要命的星球上，找到另一個安身立命之所。就算這種非常不可能的情況真的發生了，也完全不會改變有朝一日人類近乎必然會滅絕的這件事。因為星體的生命週期有限，在其他星球上過了一段時間，居住條件同樣也會惡化。至於搜尋其他宜居星球的行動，在大爆炸所釋放出的能量耗盡之時，同樣也會結束。

為何？

我們可以把大爆炸的能量比作一塊丟進熱咖啡裡的方糖。剛開始的時候，這塊方糖仍算完整，不過隨著時間流逝，它會逐漸瓦解，到最後所有的糖晶會均勻地分佈在杯子裡。一旦大爆炸的能量同樣均勻地分佈在空間中，宇宙中將再也沒有任何物理過程！

到時候我們的宇宙就成了所謂的「冷咖啡」嗎？

是的，到時候所有的星體都會燃盡，宇宙將在所謂的「熱寂」（heat death of the universe）或「大凍結」（big freeze）中死亡。

這是確定會發生的事嗎？

關於宇宙的終結還有別的劇本，例如「大撕裂」（big rip）的假說，這種假說認為，宇宙會在越來越快的擴張下完全從內部「撕裂」，但這也無礙於有朝一日生命終將走上滅絕，而且並非僅限於在地球上的生命，而是全宇宙裡的生命！到了世界末日，節目單上所安排的，並不是永遠笑口常開的「進步先生」，也不是「救世主的回歸」，而是無望、黯淡、毫無意義的虛無冷冷清清地登場……

OK，我想我現在對於你所說的「短暫」稍微有點概念了。我們所面臨的問題並不是：我們是否「必須」接受一切都只是短暫的。真正的問題其實是，我們如何「能夠」接受一切都只是短暫的。

沒錯，基於「所有想要創造永恆事物的試圖，最終都會歸於失敗」這項認知，我們可以得出各種不同的結論。舉例來說，我們可以從中得出某種極端的「哲學的虛無主義」。

一個極端的虛無主義者會認為一切都是微不足道，會認為人

類的努力（無論是什麼形式）不具有任何意義。其背後的心態，我們可以這麼形容：「如果一切到頭來完全就只是徒勞，我們到底為何要辛辛苦苦地經營某種還算體面的存在?!」

這聽起來就像是一些憂鬱症患者的生活態度。他們會覺得，反正晚上又得躺回去，早上為何非得要整理床鋪？

是的，這是這樣一種虛無主義所招致的憂鬱、自我毀滅的結果。但它也有可能激發對外攻擊的態度，藉以合理化毫無節制的自私自利；這樣的人會認為：我為何要顧慮別人？反正一切終究都會完蛋！重要的是，我現在要過得爽快，我才不管未來要面對的是「大凍結」還是「大撕裂」！

這聽起來同樣也不是很吸引人啊？如果是你的話，你會從絕對的「短暫」推出什麼結果？

我會建議不妨先稍微調降一下「意義」的標準。因為，事物難道會由於不能恆久就沒有意義嗎？當然不會！一頓美味的飯菜，雖然和一罐難吃的冷凍義大利餃一樣，最終都會被人排泄出去，但不會因此失去它的價值。同樣的道理，人類雖然有朝一日會完全滅絕，但絕不會讓我因此有權在當下無視他人的權益。就是會有某些事物，在此時此刻對我們來說是美好且重要，而且它們也不會因為有朝一日與我們分離而失去價值。事實上，情況還正好相反，恰恰由於我們知道它們是短暫的，它們才獲得了價值。

所以我們又回到伊比鳩魯：把握當下！

沒錯。由於我們是短暫的，由於我們所愛的一切也都是短暫的，所以我們應該感謝我們所擁有的、感謝我們所身為的。

如果一個人像你過得那麼好，當然可以這麼輕鬆地說！你身體健

康，有房屋遮風避雨，有充足的飲食吃喝，有一份可以實現自我的工作，身邊也圍繞著愛你的人。然而，如果你沒有這一切，而是又病又窮，身邊沒有半個可以支持你的人，那又會如何呢？

多虧妳提到了這一點！這些缺陷在理想的情況下，有部分肯定可以排除，但致命的疾病總還是會有。在這個脈絡下，我們可以看到我們的短暫性並非只有「令人痛苦」的一面，其實另外還有「令人欣慰」的一面，比方有些垂死的病患會極度渴望能夠趕迎接人生的終點。換言之，死亡的確定性不僅代表著，我們「必須」告別生命裡的美好事物，同時也代表著，我們可以揮別所有再也不想承受的痛苦。

所以，我們的短暫性也有正向的一面囉？

毋庸置疑！這個正向的一面特別會在我們人生的最後階段裡顯現。很不幸地，大自然並未把死亡「設計」成一種特別宜人的過程。不過，如果我們知道這個痛苦的過程，一如在生命中所遭遇到的一切，都只是暫時的，我們就會感到寬慰許多。

「在地球被回收之前，這是從這顆星球撤離的最後機會。」在一九九六年九月時，不明飛行物體宗教組織「天堂之門」（Heaven's Gate）的領袖馬歇爾・阿普懷特（Marshall Applewhite），曾以這項信息來警告世人。幾個月之後，就在一九九七年三月二十六日，人們在加州的某個別墅裡，發現了天堂之門的三十九名信眾的屍體。他們全都身著黑色衣物，腳穿Nike的全新運動鞋，另外還在褲袋裡裝了些許零錢，這些錢是

他們肉體的「租金」。

這些信眾相信在海爾——博普彗星的附近，有艘載滿外星人的太空船，於是他們喝下了由麻醉劑、蘋果汁和伏特加所調製成的致命飲料，想要藉此離開他們的「地球貨櫃」。他們認為，這樣就能以自己的「幽浮靈魂」登上那艘星際太空船，逃避「世界末日」；到時候，地球「花園」將被徹底翻掘，所有多餘的「人類植物」都將被毀滅。

在天堂之門信眾集體自殺事件的三年前，瑞士也發生過類似的案件。當時有五十三名「太陽聖殿教」（Ordre du Temple Solaire）的信眾，與「教主」約瑟夫·迪·馬布羅（Joseph Di Mambro）一同殉教，理由據說同樣也是希望躲避世界末日。只不過，有別於天堂之門的信徒，他們認為在集體自殺後，將化身為「類基督的太陽生命」在天狼星系裡重生，在那裡重建一支「新人類」。

無論這些世界末日教派看起來有多麼奇怪，我們都不該忘了，基督教最初也是以一種極端的世界末日教派形式出現。基督教的原始教團並不會比太陽聖殿教來得不相信世界末日。畢竟，拿撒勒的耶穌曾在四福音書最古老的《馬可福音》裡宣告：「我實在告訴你們，站在這裡的，有人在沒嘗死味以前，必要看見神的國大有能力臨到。」所以他很明白地囑咐門徒：「隨走隨傳，說天國近了！」然而，如同兩千年後的阿普懷特，耶穌顯然也誤以為世界末日就要來了。帶著焦慮心情所期待的「最後審判」完全沒有應驗，這讓早期基督教社群頗為困惑。

所謂的《彼得後書》，《新約聖經》最新的著作之一，對於這項困擾做出了回應。（《彼得後書》這個名字有誤導之嫌，因

為它並非出自同名的使徒，而是在西元二世紀後期才寫就。）

　　《彼得後書》裡寫道：「第一要緊的，該知道在末世必有好譏誚的人隨從自己的私慾出來譏誚說：主要降臨的應許在哪裡呢？因為從列祖睡了以來，萬物與起初創造的時候仍是一樣。……親愛的弟兄啊，有一件事你們不可忘記，就是主看一日如千年，千年如一日。」

　　《彼得後書》的論證確實頗為機巧；它一方面駁斥了，最後審判只是種不可信的古老傳聞，這種顯而易見的懷疑，另一方面也解除了，基督教社群原本所面臨的，必須確定世界末日到來日期的壓力。其他的「基督追隨者」在這個問題上就沒有那麼聰明，像是福音教派神學家暨數學家米歇爾·施提佛（Michael Stifel，1487～1567），他是宗教改革先驅馬丁·路德（Martin Luther，1483～1546）的好友，就曾根據《聖經》計算出，世界將在一五三三年十月十九日，當天早上八點時毀滅。在那個搞得大家人心惶惶的世界末日預言未能應驗後，被他以末日佈道給嚇壞了的洛豪鎮居民們，氣得將他狠狠地毒打了一頓，並把他關入監獄四個星期以示懲戒。從那之後，施提佛就再也沒有興趣去計算什麼世界末日！

　　不過，宗教團體「耶和華見證人」（Jehovah's Witnesses）倒是未因這樣的反彈而受挫。這個成員多達七百多萬的基督教宗教團體，係以《聖經》學者查爾斯·羅素（Charles Russell，1852～1916）的著作為基礎。羅素也曾算出，一九一四年將是「末日」展開之時，到了那個時候，上帝將會率領祂的天使痛擊信仰的敵人。然而，當上帝未能如期在一九一四年光臨地球之後，預定時間又被延後到一九二五年，後來這當然同樣也被證明是錯的。

在那之後，耶和華見證人的信徒仍然希望，能在一九七五年參與預言中的「哈米吉多頓」（Armageddon）之戰，無奈的是，這個心願同樣也破滅了。從那時起，耶和華見證人便放棄為世界末日立下一個固定的時間。預測是很難的，特別是當它們涉及到未來。

為何性愛會令人愉悅，
死亡則否？

你說過，大自然並未把死亡設計成一個特別宜人的過程。這點幾乎是無可爭議。可是為何會如此呢？人生中不是也有確實會帶來快樂的事物，像是美好的食物、美好的娛樂、美好的性愛等等。為何死亡不能像這些事物一樣呢？

女是不是想要知道，為何性愛會令人愉悅，死亡則否？

是的，簡單地來說就是這樣。

我覺得這是個非常有趣的問題，對此也有一個相當有趣的答案。這個答案就是：「美好的性愛」在演化裡具有選擇優勢，「美好的死亡」則否。

等等，你再說一次……

這件事情我恐怕得從頭說起……好吧，在生物的演化上，主要所關乎的就是一場「繁衍競爭」。生物所具有的某些特質會促使他們更頻繁地繁殖，相反地，另一些特質則會阻止他們的繁衍成功，或是對於繁衍無關緊要。

讓我們以獵豹為例，一頭獵豹必須非常迅速，才能捕獲牠的獵物。一頭不具這種特質的獵豹，很快就會變成一頭死掉的獵豹，從而也無法繁衍後代。

理所當然。

獵豹這種腿部很長、肺部很大、鼻孔很寬、可以加速到每小時一一〇公里的大貓，是漫長演化發展的結果。獵豹的祖先

在發展之初，身體的構造與其他大型貓科動物其實並沒有什麼顯著的差異。然而後來卻開始了生態的特化。有別於偏向夜行的獅子，獵豹則是在白天狩獵。由於牠們無法非常靠近獵物，因此只能藉由提高自己的速度去捕獲獵物。

在獵豹所身處的生態棲位裡，「迅速」就成了一種重要的生存優勢。憑藉較大的肺、較長的腿、較強的腿部肌肉等條件得以讓速度更快的獵豹，比較有機會活得久，也比較有機會繁衍，從而將牠們的遺傳性狀（genetic endowment）傳給後代。於是，在經歷了漫長的時間後，就發展出了牠們如今的身體結構特性，這些特性與其他大型貓科動物的身體結構特性有著極大差異，有些甚至會讓我們聯想到灰獵狗。

OK，這聽起來很簡單：肺部較大的獵豹比肺部較小的獵豹更有機會繁衍後代，長時間下來，獵豹就發展成牠們如今的面貌。

是的，我們也可以這麼說：在獵豹的演化上，能夠提高速度的身體構造條件具有「選擇優勢」；而會造成速度降低的條件則具有「選擇劣勢」。

「選擇」指的是「去蕪存菁」，是嗎？

是的，就是「篩選」或「淘汰」的意思。當達爾文在發展他的天擇說時，就是根據「人為挑選」或「人為淘汰」的概念發想。在人類大約於距今一萬年前起過起定居生活時，就開始學著培育植物和動物，人們會把動、植物有利於人類的性質做正面解讀，進而促進它們的複製繁衍，也會把有害於人類的性質做負面解讀，進而阻止它們的複製。

就像灰姑娘請鳥兒來幫忙那樣，「大夥兒快來幫我忙，快快撿出灰裡的豌豆來！好豆子放在碗裡，壞豆子吃進嘴裡」，是嗎？

大概就是那樣。包括灰獵狗在內的動物，就以這樣的方式產生出來的，牠們的身體結構跟獵豹相似，牠們同樣也是地球上速度最快的陸上動物。

所以說，有別於獵豹，灰獵狗其實並不是天然選擇，而是人為選擇的產物囉？

是的，唯有最快的獵狗才能繼續繁衍，這樣的結果是人造成的。也因此能在很短的時間內（相較於自然演化所需的時間），培育出了許多人類可以用來幫助狩獵的灰獵狗品種。

所以早在達爾文之前，人類就已經知道，植物與動物的特性是會遺傳的，甚至還曉得怎麼利用這一點，去增進和淘汰某些遺傳性狀？

是的。只不過，達爾文還認識到除了人為挑選以外，其實也存在著先前為人所忽略的自然篩選。生物的遺傳性狀與特質會在歷經許多世代後有所改變；也因此，演化完全不需要任何人類或超人類（例如神）的飼育者，自然完全可以獨力完成這些事！

因為只有那些可以妥善適應個別環境條件的生物能夠存活與繁衍，是嗎？

正是！這就是人們常說的「適者生存」。

比較強的就會存活嗎？

不！「適者生存」代表「最能適應的才能活下去」。「較強者」並不一定就是「最適者」。某個生物如果比自己的同類更大、更強，有時反倒可能對自己不利。

讓我們再以獵豹為例：有隻獵豹比同類更大、更重，不僅有顆更大的頭，還有一副更強的牙齒，為了具備這些身體條

件，牠得要以速度做為代價。因為，獵豹之所以可以跑得那麼快，其中一個重要因素是，與牠們的體型相比，牠們的體重簡直是輕得嚇人。雖然說體型不如獅子或豹，會讓獵豹無法與這些對手抗衡，顯然是種缺點，不過，獵豹卻能藉由非常高的狩獵成功率來彌補；有別於獅子只有百分之三十的成功率，獵豹狩獵成功的比例卻能高達七成。所以，一隻非常壯碩的獵豹可能比同類更不容易狩獵成功。在這種情況下，牠那副更強的利牙可能會完全無用武之地，因為，在與獅子和豹的戰鬥中，牠還是非常可能落敗。

所以，有時不要更大、更強，而要更小、更靈活，反倒才會具有優勢？

沒錯。某種特性的形成究竟是代表著長處還是短處，這點取決於個別生活環境的條件。有利於獅子的，可能有害於獵豹；反之亦然。

OK，我明白了。

但這也不是說，那些不受限地凌駕同類利益的個體，必然就比較容易繁衍後代。事實上，特別能與其他同類好好合作的「團隊合作者」，往往在繁衍後代上能取得更大的成功。甚至於，某些動物的行動一點也不快，反倒很慢、很慢，這也可以是某種優勢，因為牠們可以藉此省下許多寶貴的能量。

對，像是樹懶，牠們的行動就像是慢動作播放，牠們一生大部分的時間則都在睡覺！

沒錯。另有不少動物則會由於非常善於偽裝，從而不被潛在的掠食者看見，藉此取得某種生存優勢。

就像變色龍，牠們可以隨著四周環境變換自己的顏色。

是的。有趣的是，也有一些動物採取了完全相反的策略，牠們並不隱藏自己，反倒呈現出從遠處就能看見的信號色彩，讓掠食者誤以為牠們是屬於其他有毒或不可食用的物種，進而嚇退掠食者。

所以，詐騙並非人類的專利，是嗎？

是的，在大自然裡，到處都有詐騙高手，到處都充滿了爾虞我詐的遊戲！為了確保自己的存活、確保自己的遺傳性狀（基因）的延續，植物與動物在演化過程中居然發展出了如此眾多的花招，這點著實令人讚嘆！

好，我懂了，在演化過程中，某些特質要麼突顯、要麼隱沒，因為它們對於繁衍成功要麼有利、要麼不利。可是一開始你曾說過，也是有些特質與繁衍沒什麼關係。你能不能舉個這方面的例子？

讓我們假設一下，有隻獵豹背上的花紋恰巧和今日地球各個大陸的輪廓相符。這樣的特質就會是「選擇中性」，因為這不會造成帶有這種花紋的獵豹比其他的獵豹更容易繁衍。

當然啦，這對牠們的狩獵技巧沒什麼影響！不過，如果擁有這種花紋的母獵豹被認為特別「性感」又會如何呢？如果公獵豹特別偏好這種花紋，會造成這種花紋在獵豹族群裡更常出現，不是嗎？

很不錯喔，妳居然自己談到了這項主題！遺憾的是，好幾個世代的演化理論家，竟然都忽視了「性」在演化上的重要性。達爾文其實早就知道這一點，他曾指出，想要談論演化，無可避免地就得談論「性」！光從他的另一本演化論主要著作《人類的由來及性選擇》（*The Descent of Man, and*

Selection in Relation to Sex）的書名，我們就能看出這一點。

什麼，除了人為與自然的選擇，居然還有「性選擇」？

是的，達爾文了解到，光是捕捉獵物或躲避掠食者，還不足以促成後代的繁衍，除此以外，生物還得順利找到適合的性伴侶。眾所周知，在這方面同樣也存在著超多的競爭！有些個體可以成功擊敗其他的性競爭對手，有些個體則會在這場競爭中空手而歸。

這點我能理解。我們人類的情況也是一樣，並非每個人都同樣具有吸引力。

沒錯。這也讓我們看到演化所關乎的並非只有「最適者生存」，它同樣也關乎「最具吸引力者生存」！藉由將「性選擇」與「自然選擇」並列，達爾文在「最適者生存」這個概念上補充了「最性感者生存」的概念。

達爾文的這種想法十分前衛、極具革命性，也因此足足過了一個世紀之久，學者們才開始在它所涵蓋的範圍裡理解它。時至今日，甚至還有不少對於演化的詮釋是完全忽略掉這個面向。

達爾文是怎麼想到「性選擇」這個概念？

在他的第一本演化論主要著作《物種起源》裡，達爾文頗具說服力地闡述了「自然選擇」（天擇）的原則。不過，他也曉得光憑這項原則，還是無法解釋自然中的許多現象。畢竟，有許多動物所具有的某些特質，顯然嚴重背逆了牠們最固有的生存需求。

喔，有這種事？能不能舉個例子？

就讓我們以雄性藍孔雀為例：牠們的頸部、胸部和腹部色彩

非常鮮豔，鮮豔到掠食者們遠遠就能發現牠們。不僅如此，牠們偏偏還拖了一束長長的羽毛，三不五時會把那束羽毛張成一個繽紛的羽扇。如此華麗的裝飾物，不僅得要耗費許多能量，還會影響到孔雀逃避掠食者的能力——因為這束羽毛讓牠們幾乎不能飛。為何孔雀得要冒著生命危險，去製造如此豪華的裝飾物呢？

那是因為雄孔雀想要討雌孔雀的歡心，無論代價多高，都在所不惜！某些「人形孔雀」的情況，其實也和牠們差不多。

沒錯！不過，在我們談論「人形孔雀」之前，還是再針對真正的孔雀多聊一點。我們已經曉得，如果雄孔雀能夠利用牠們的裝飾物吸引更多雌孔雀，也就更有機會繁衍後代、傳播牠們的基因。

沒錯！

問題是，雌孔雀到底為何會被披著超長華麗羽衣的雄孔雀吸引？

我想，雌孔雀就是覺得華麗的羽毛特別美麗、特別性感吧！

話是沒錯，但我想問的是，「為什麼」牠們會這麼覺得？

你會這麼問，肯定又是和生存或繁衍有關，對吧？

猜得好。

嗯……也許答案是，如果雌孔雀與具有這種條件的雄孔雀交配，那麼牠與那些「情聖」所生的小雄孔雀，可能也會有跟老爸類似的特質。換言之，這些小雄孔雀長大也會廣為吸引其他雌孔雀，也就比較有機會繁衍後代！聰明的孔雀媽媽會怎麼做呢？牠們會去逮住披著最華麗羽衣的雄孔雀，藉以提高自己獲得許多小孫子、小小孫子、小小小孫子……的機會。

很棒耶，妳剛剛提出了「性感子孫假說」。事實上，兒子的吸引力是會隨著父親的吸引力增加。如果雌孔雀選擇了特別具有吸引力的雄孔雀，「子孫滿堂」的機會就會大增。對於雌孔雀來說，雄孔雀的華麗羽飾是提高牠們交配意願的關鍵刺激。隨著時間的經過，這逐漸演變成這個物種的雄性代表之間的一場激烈的選美競賽。為了繁衍後代，牠們必須將自己所有的精力投注於，在美觀與優雅上超越自己的性競爭對手。牠們甚至會冒著提早被掠食者吃掉的風險，只為了博取雌孔雀的青睞！

也應該就是這樣才對，嘿嘿……

先別得意得太早！還是有個問題沒有解決：為何雌孔雀偏偏就是喜歡色彩鮮豔、披著華麗羽衣的雄孔雀，卻不喜歡那些黯淡的、不起眼的、羽毛較短的雄孔雀呢？

嗯，我完全可以理解那些雌孔雀的心態，就拿我自己來說，我也不是很喜歡那些平淡、單調的傢伙！

好，可是到底為什麼呢？會吸引雌孔雀的，為何偏偏就是在牠們的性伴侶身上那些成本特別高的特質呢？

這我就不曉得了。也許這是某種「檢驗」，透過這樣的檢驗，雌孔雀就能看出，雄孔雀是否確實健康、是否具備優良的基因？

好，非常好！現在妳越來越近了！只差一個小小的細節而已，也許妳自己就想得到。讓我換個方式來問好了！為何雌孔雀會「鼓勵」雄孔雀去投入一場競爭，而且這場競爭的重點居然偏偏是去發展某些多餘、危險的特質？

也許是因為，只有那些完全沒有缺陷的雄孔雀，才負擔得起這種華麗的外衣吧？我的意思是，如果一隻雄孔雀就連討生活都成問

題，牠就不會有什麼餘力把自己裝飾得特別華麗，不是嗎？

完全正確！以色列的生物學家阿默茲與愛維莎葛‧扎哈維（Amotz & Avishag Zahavi），將這種情況稱為「不利條件原理」（handicap principle）。「不利條件原理」的意思就是，正是那些負擔得起不利條件，能夠承受生存競爭中缺點的個體，會被同類視為特別具有能力及魅力。

牠們以高成本的信號向外界顯示，牠們是「真正的勝利者」。驕傲的雄孔雀會憑藉自己的羽飾昭告天下：「照過來、照過來，我是最酷、最行的，就算拖著一束長長的羽毛，也沒有什麼能傷得了我！所以，你們這些雌孔雀最好是選我，因為我肯定能活最久！」

哈哈哈！聽起來好像人類！這個世界是否充滿了打腫臉充胖子的傢伙？

無所不在。只要想想所有色彩鮮豔的鳥和魚！或是想想公獅濃密的鬃毛，在牠們所居住的炎熱區域裡，這些鬃毛同樣也是代價高昂的信號。

所以母獅會被公獅長長的鬃毛所吸引？

是的，牠們完全不會被頭頂光禿禿的公獅吸引！鬃毛可以讓母獅看出，這傢伙似乎吃得不錯，睾酮的濃度應該也頗高！所以公獅寧可在炎熱的氣溫下揮汗如雨，也不願錯過能夠吸引母獅的機會。

我發現，在大自然裡把自己打扮得漂漂亮亮的，似乎多半都是雄性。這是為什麼呢？

這是因為交配的選擇權多半是在雌性手上。因此，為了贏得雌性的青睞，為了以各種方式來顯示出，自己比其他的性競

爭對手來得好，雄性不得不去做這樣的事。

那為何多半是由雌性來決定，而非由雄性？

這得歸因於雌性懷有為數不多、十分珍貴的卵細胞，子代原則上也是由雌性生養；有別於雄性「隨時」可以製造出數千萬「廉價」的精子，同時還經常在交配後揚長而去。也就是說，雄性在處理自己的精子上會遠比雌性在處理自己的卵子上更為浪費，因此雌性在選擇可能的性伴侶時會比較挑剔。在繁衍策略上，牠們更加重視伴侶的品質，那些伴侶候選人必須借助昂貴的信號證明自己合格。在這方面，雄性則比較沒那麼挑剔，所採取的不是質精的策略，而是量多的策略。

我覺得人類的情況也沒有多大的不同，不是嗎？

是的，儘管有著文化方面的種種影響，我們人類在兩性間還是有極為顯著的差異。有項有趣的研究明白顯示出了這一點。在某個美國大學校園裡進行的一項田野實驗中，受試的男性會被一位他們不認識的、極具吸引力的女性搭訕，這位女性會問他們，是否願意和她上床。有高達百分之七十五的男性，都會想要把握這個誘人的機會！

相對地，受試的女性也會被一位她們不認識的、極具吸引力的男性搭訕，這樣男性同樣會問她們，是否願意和他上床，然而結果卻顯示：居然沒有半個受試女性答應這樣的提議！

這點我並不感到意外！

我還沒說完呢！在被詢問到，是否願意晚上一起出去走走，受試的女性比男性更為開放；有百分之五十六的受試女性願意接受這樣的提議，但受試男性只有百分之五十願意！

什麼？! 男人想要和一個陌生的女人上床更勝於陪她去看電影？

從生物的角度看來，這樣的情況完全是可以理解的！對於一個男性來說，晚上一起出去約個會代表著：自己得先投注一些時間和資源，但並不曉得這樣的投資到底划不划得來。如果是約炮，男性就能直達演化上的終點線。不必做任何投資，就能獲得可能的成功繁衍，在男性的繁衍策略上，再沒有比這更好的事了！當然，在現實生活中並非只有生物因素扮演了關鍵角色，不過這項心理實驗的結果卻反映出，實際情況與我們根據生物學所期待的相去不遠。

我知道你們男人是受天性所驅使，但我還真想不到，居然嚴重到這種地步！

等等，這妳就錯了！畢竟，女性的繁衍策略並不比男性的繁衍策略少受天性所驅使。這點我們從前面提到的田野實驗就能看得出來。為何過半的受試女性願意和一個陌生男子在晚間出去約會呢？這無非是因為，埋藏在她們內心深處的繁衍策略告訴她們，在她們與對方有更進一步的接觸之前，甚至於，在她們願意提供自己寶貴的卵子受孕之前，她們得先徹頭徹尾地好好檢驗一個男人一番。

但這很理性啊！

我並沒有說這不理性啊！只不過，女性選擇這樣的策略，並不代表就「高於」生物的本能，事實上，她們只是受到「不同於」男性受到的本能所驅使。

好吧，不過，無論如何，我們女人不會總是立刻就想到性！而且我們也不太會外遇。

那是妳以為罷了！純就數學統計來說，這幾乎是不可能的事，因為若真的照妳的想法，那麼異性戀男人是要和誰「外

遇」？女人基本上和男人差不多「不忠」，只不過在這方面，兩性之間往往還是會有些差異……

讓我猜猜，女人重「質」，男人重「量」，是嗎？

沒錯！有別於男人找「小三」並不會特別挑剔，女人所相中的「小王」候選人，泰半具有某些吸引她們的特質，而這些特質是她們的固定伴侶所不具備的。女性的「外遇」特別常發生在排卵期間，也就是發生在懷孕風險特別高的時候，藉由這樣的現象我們就能看出，這有多麼取決於生物天性。

還有許多不同的研究顯示，在這些容易受孕的日子裡，女性不僅會無意識地穿得較為「暴露」一點，還會覺得那些睪酮濃度高、陽剛味十足的男性比較吸引人，然而女性在其他時間反倒偏好臉部線條較為柔和的男性。

真的嗎？

是的，研究結果就是如此。關於這種現象，其實也有一個演化方面的解釋：睪酮濃度高、陽剛味十足的男性，雖然是很棒的基因提供者，不過平均而言，卻不是良好的「照顧者」，也因此女性會下意識地偏好選擇比較溫柔的男性做為長期伴侶。演化生物學家麥特‧里德利（Matt Ridley）曾把女性的這種雙面繁衍策略形容成：嫁給好人，私通老闆……

好吧，我承認女性似乎也差不多。不過，我發現雖然伴侶的選擇權是握在女性手上，但有別於動物界中的許多雄性動物，人類的雄性並不特別漂亮，這不是很奇怪嗎？以人類來說，女人普遍要比男人來得好看！這點你應該也會承認吧！

我承認！不過，這並不表示我們男性就不用發出代價十分高昂的信號，藉此去取悅女性！

是喔？到底是什麼信號？

例如男性勃起的陰莖，就是這樣一種代價高昂的信號！沒有人類女性所做的這種性選擇，在演化的過程中或許就不會發展這個特別的部分。

什麼？堅硬的陰莖是女性的培育成果？你不是在開玩笑吧？

絕對不是在開玩笑！有別於其他許多靈長目的動物，我們人類男性缺乏陰莖骨。陰莖的硬度完全得要依賴所謂的「海綿體」進行爆炸式的充血，這項機制可以讓陰莖變硬、變大。這種過程很容易受到干擾，也因此對女性來說，可算是辨識男性身體健康的一個良好提示。

所以陰莖算是某種「指標」？

哈哈哈！可以這麼說。無論如何，事實是：當涉及到提供一根堅硬的陰莖時，唯有那些夠健康、夠年輕、吃得好、夠自信、不會太緊張的人才辦得到。人類男性的勃起是種純粹的奢侈，只有我們這個物種以這樣的形式負擔起這種奢侈，而且還是基於唯一的理由，那就是：打動女性。如果妳不反對的話，我們倒是可以把男性的陰莖拿來和雄孔雀的羽衣相提並論。

哇，這讓我有點無言，呃……這應該不是全部吧？應該還有其他男性想藉以吸引女性的「代價高昂的信號」。

沒錯，光憑勃起的陰莖就想吸引女人，不會是什麼特別有效的策略！畢竟，在能夠展現這項性選擇的特殊成果之前，一個普通的男人必須先取信一個普通的女人，他會是值得交往的性伴侶。

當然囉，但他要怎麼做呢？

這時他得要顯示出諸如善良、智慧、健康、自信、成功等等的特質。如果他能以代價高昂的信號來證明，那會特別有幫助，像是一些地位的表徵，例如昂貴的服飾、豪華的汽車或名牌的手機等等，都能在這方面派上用場。能夠顯示出這些地位表徵的人，就能證明自己擁有許多可以揮霍的資源。

就像是雄孔雀的華麗羽衣……

正是！不過人們也能以其他的方式發送代價高昂的信號，例如展現出特殊的運動成就。在當今日這個科技化的世界裡，能夠跑得特別快，再也不是非常有必要，不過一個人如果能夠展現出這樣的能力，也就能夠證明，他的身體非常健康，這會對周遭的人產生吸引力。

音樂家、詩人、畫家或演員，也選擇了類似的途徑。他們會創作出對生存來說不一定必要的藝術作品，但「正因如此」，才會對許多人特別具有吸引力。另外有些人則會藉由表現出特別慷慨、大方，來發送代價高昂、從而具有吸引力的信號。他們以這樣的方式展現出，自己的境況很好，有能力去幫助別人。換言之，做公益也可以很「性感」。俗話說「做好事並廣為宣傳」，不是沒有原因的！

但現在這句話聽起來似乎是貶多於褒！

不過我完全沒那個意思！我並沒有說，人之所以會幫助別人「只是因為」想在繁衍鬥爭中為自己加分。只不過，展現出這種行為的人，終究還是可以歸因於某種相應的性選擇。如果助人的意願沒有受到增加繁衍機會的獎勵，熱心助人的特質應該早就滅絕了！

OK，不過，難道性選擇真的只由女性來決定嗎？男性難道不也

同樣把女性培育成現在這個樣子？

是的，雖然女性多半比男性挑剔，但這並不代表男性就完全不挑。從許多方面看來，男性偏好的特質與女性類似。他們也想要和盡可能親切、聰明、友善、成功的人發生性關係。只不過，男性似乎比較注重伴侶吸引人的外表（這點或許也說明了，為何女性基本上比男性好看），相對地，女性則似乎比較看重性伴侶的收入與社會地位（這點或許也說明了，為何男性會那麼喜歡炫耀自己的財富和了不起的能力）。

永遠都會是這樣嗎？

不，這樣的傾向其實很容易受到歷史變化的影響。所以隨著女性的解放，特別是隨著婦女日益提升的經濟自主性，女性越來越不在意男性的收入，越來越在意男性的身體魅力。這也就是為何，為了要在女人圈裡吃香，如今的男人也更常在健身房裡飽受折磨，要讓自己光鮮、亮麗、身體散發出迷人的魅力，這樣的壓力如今不單只是落在女性身上，就連男性也得承受這樣的壓力。「男性美容商品」如今也在市場上佔有一席之地，這不是沒有原因的。

可是，那些並不特別具有吸引力的人，不也都能繁衍後代！畢竟這世上並非每個男人都是布萊德·彼特！

的確，但這世上也並非每個女人都是安潔莉娜·裘莉或珍妮佛·安妮斯頓！我們每個人都會落在向上與向下同樣保持開放的吸引力階序的某處。像布萊德·彼特的人就站在最上層，其他像我這種「其貌不揚」的人，則可能落在好幾級之後。但這也不會有什麼問題，因為我們基本上都會去尋找吸引力等級和我們自己差不多的伴侶。

哈，你說錯話了！這樣聽起來很像是你並不覺得媽媽特別具有吸引力。第一，她不會喜歡聽到這種話，第二，實情也非如此！

　　妳是對的，在這方面我確實很幸運，居然能在兩性市場裡「高價」售出……有時人們也能用其他東西來彌補長相平平的問題，例如幽默感。甚至於，應該算不上是花美男的伍迪·艾倫，藉由這種方式，居然也名列全球十大最性感男士！

真假？還真想不到！不過，還是讓我們回到最初的問題吧，我覺得我們在「性」這個主題上有點扯太遠……

　　話是沒錯，不過我們倒是收集到了所有核心論點，我們就能夠解釋，為何性愛會令人愉悅，死亡則否。也許妳還記得，我把這種情況歸因於，「美好的性愛」在演化上具有選擇優勢，「美好的死亡」則否。

美好的性愛具有選擇優勢，這是合邏輯的，因為一個人如果能在性愛方面獲得快樂，他就會更常與他人性交，從而更有機會繁衍後代！

　　沒錯，因此支持「美好性愛」的遺傳性狀在演化過程中獲得彰顯。然而，為何同樣的情況不能適用於可以省去我們在生命終結時的痛苦和煩惱的遺傳性狀呢？

因為……人們並不會由於安詳、無痛地死去而更有機會繁衍後代？

　　正是！「美好的死亡」是屬於「選擇中性」，因為「有本事」安詳死去的人，並不會因此在繁衍後代上取得任何優勢。

了解，因為他就算證明了自己具備這種能力，他也無法傳宗接代了！

正是如此。不過，也許美好的死亡並非只是「選擇中性」。保證可以無痛死亡的特質，甚至可以歸於「選擇劣勢」。

你的意思是？

妳想想看，如果一個人在生命遭受威脅的情況下完全感受不到任何痛苦和恐懼，他會怎麼行動呢？

他或許會去做非常危險的事。

是的，在他可以傳宗接代前死亡的機率會大大提高。痛苦和恐懼是有其重要的生物功能，能夠警告我們有事情不對勁，我們不該再去做某些事情，因為太危險了。不具備這種生物警告系統，或這種警告系統不夠完備的人，與其說是具有選擇優勢，不如說是具有選擇劣勢，也因此「無痛」這種特質在演化上無法普及。

所以我們可以說，性愛令人愉悅，死亡則否，這種情況可以歸因於自然選擇與性選擇囉？

是的，我們就是我們，我們所感受的就是我們所感受的，因為某些特質在演化上與繁殖優勢有關，其他的則否。我們是源自於在繁衍競爭中勝出的生物，因此，如果我們做同樣的事也會獲得愉悅的感覺做為獎勵。所有的跡象都顯示，演化並沒有遵循什麼祕密的計畫、隱藏的意義或神明的意圖。演化就只是遵循一套非常簡單的選擇程序：不能夠成功繁衍的，就會從競賽中被淘汰！如此而已，沒有更深的意義，即便我們老是喜歡加油添醋。

如此看來，生命其實只是一樁芝麻綠豆的小事，不是嗎？

是的，一方面我們可以說，生命其實是「雷聲大，雨點小」；另一方面，生命卻又是我們所知最重要的事物。生命的意義

與無意義可謂是齊頭並進……

這或許是我們明天可以談論的好題目！你覺得怎麼樣？

同意。我們或許還可趁這個機會，為截至目前為止所討論過的事情做個小結。

「**人不能兩次踏進同一條河流。**」古希臘哲學家赫拉克利特（Heraclitus of Ephesus，520～460），藉由這句名言闡釋了自己的看法，那就是：世界並非靜止，而是不斷在變化。有別於許多和他同時代的人，赫拉克利特並不認為「萬物是不變的」，在他看來，萬物其實是一直在「變遷」；這種想法後來則被精簡成一句簡單明瞭的話：「萬物皆流」（*Panta rhei*）。不過，在赫拉克利特生存的時代裡，這種「動態的世界觀」在世人眼裡仍屬奇異，這也讓這位哲學家被人冠上「晦澀者」的綽號。

然而，大約過了兩千三百年以後，事實卻顯示，赫拉克利特的基本假設一點也不「晦澀」，反倒可說是獨具慧眼。因為在十九世紀中葉時，它對傳統的世界觀造成了可算是最深的震撼。這場世界觀大地震的震央，是個乍看之下根本不會讓人覺得是人類史上最偉大的革命家之一的男人，他就是查爾斯‧達爾文。

在這位現代演化論的奠基者搭乘「小獵犬號」展開他著名的研究之旅時，他還是一位對上帝創世毫不懷疑的虔誠基督徒。然而，當他越是仔細觀察種種自然現象，懷疑也就跟著越來越大。達爾文發現，植物與動物物種經歷著某種持續的改變，這種改變是取決於自然的選擇過程，對生物來說，這個過程往往與苦難、死亡和衰敗連在一起。舊時關於創世之神的信仰（祂不僅精心設

計了每個物種，最後還認為一切都設計得很棒），無法與這些知識相調和。

打從一開始，達爾文本人就心知肚明，自己的理論將猛烈撼動世人的世界觀。也因此有很長一段時間，他一直在猶豫是否要投下這顆科學的震撼彈。《物種起源》這部深具開創性的著作，最終之所以能夠公開問世，或許還得歸功於一八五八年六月送到達爾文書桌上的一封信。寄件人是自然科學家阿爾弗雷德‧羅素‧華萊士（Alfred Russel Wallace，1823～1913），華萊士很巧地也在物種的自然演變方面得出類似的研究成果。

雖然許多朋友都勸說達爾文發表他的研究成果，不過他還是格外謹慎。他只在一八五九年出版的《物種起源》的最後，用一句神秘感十足的話點出，演化論將讓「光明撒在人類及其歷史上」。這句話到底是什麼意思，達爾文並沒有多做解釋。他先是把戰場留給了最重要的戰友，湯瑪斯‧赫胥黎和恩斯特‧海克爾（Ernst Haeckel，1834～1919），他們為「人類與黑猩猩擁有共同祖先」這個命題提供了令人信服的證據。

直到一八七一年，當達爾文發表了他在演化論方面的第二部主要著作《人類的由來及性選擇》，他本人才捲入戰局。這本書的出版，同樣也讓這位長期患有胃病的學者十分掙扎，畢竟這部著作包含了一個雙重挑釁，因為他不但證明人類其實是以自然的途徑產生、如猿猴般的生命形式，他還指出在自然中，所關乎的不只是一場「生存奮鬥」，其實也關乎了「性」（也就是在假正經的維多利亞時代人們幾乎不敢提的那些「淫穢」的事情）！因此，對於「性選擇」這個概念能否在自己有生之年為人所接受，達爾文並不抱太大的期望。事實上，確實也歷經了將近一個世

紀，學者們才開始了解到這個學說所涵蓋的範圍。

當達爾文在一八八二年去世時，他留下了永遠改變我們對世界的看法的一部作品。然而，演化論的演化卻並未隨著他的辭世而結束。許多專家學者都相繼貢獻了自己的一份心力，幫助我們對於自然與文化裡的演化過程，有越來越清楚的認識。在這當中，達爾文的種種想法總被強烈地修改，但完全無礙於這位演化論奠基者的重要性。因為，在赫拉克利特之後，或許沒有其他的思想家像達爾文那麼明白：沒有什麼比改變更不變的事情了！時至今日，我們對於這項陳述的真實性，再也沒有任何合理的懷疑了。伴隨著「不變的改變」，出自達爾文的演化理論也將持續下去——至少只要演化出越來越多可以察覺到「除了戴帽子以外，腦袋還有很多用處」的人。

生命的意義
與無意義

我們今天就來談談「生命的意義與無意義」這個問題吧！不過，我要先知道「意義」到底是什麼意思。

很簡單，意義，莎莎比利賓、義大利麵黃、綠、藍！

蛤⋯⋯瞎毀？

意義，莎莎比利賓、義大利麵黃、綠、藍！

我有聽到你在說什麼，但我不曉得你說的是什麼意思！

當然，因為這句話根本是無意義的。

聽得出來。

可是，「為什麼」這句話是無意義的呢？

呃，因為這幾個詞在這種相互關係下得不出任何意義！

沒錯，因為「意義」與「相互關係」有關！如果我們想要了解某個句子的意思，我們會試著去找出個別字詞之間「具有意義的相互關係」。

「意義，莎莎比利賓、義大利麵黃、綠、藍！」這個句子，幾乎是無法得出什麼意義，雖然除了「比利賓」這個詞以外，其他的詞都具有一個明確的含義。

有意思，現在你要是把剛剛那句話再說一次，我就會覺得，那句話背後也許會隱藏著什麼意義。「意義，莎莎比利賓」，聽起來有點像什麼咒語，「辛沙拉賓」（譯註：simsalabim 類似於德語版的「天靈靈，地靈靈」）。

沒錯，有可能在我腦袋裡下意識有這樣的聯想。

乍聽之下，「辛沙拉賓、義大利麵黃、綠、藍」雖然沒有任何意義，卻令我想起你以前偶爾會煮義大利麵給我們吃，當時我們還會用一些花花綠綠的塑膠杯喝東西，你還記得嗎？

記得是記得，但我不曉得妳想要暗示什麼……

我想說的是，如果你當時把麵條送上餐桌，把彩色塑膠杯分給我們這些小孩時，口裡唸唸有詞地說：「辛沙拉賓、義大利麵黃、綠、藍！」我們應該都會知道你的意思是什麼！

沒錯。妳的詮釋很有意思，突顯出當人們談論「意義」時，不該忘掉的兩件事。

哪兩件事？

我們首先得要注意，一個陳述的含義「與脈絡有關」。「義大利麵，黃、綠、藍！」這句話在某種情境下或許具有意義，但在其他大多數的情況裡卻是毫無意義。

這是否也代表著，同樣一個句子，根據情況的不同，也可能會有完全不一樣的意思。

沒錯！假設我們在泳池邊遇到一位拿著紅酒的老先生，他對我們說：「如你所見，我正在『盡情』享受人生！」他的意思就完全不同於，當我們在一列「擠滿了人的火車上」，聽到查票員說出同樣的話。（譯註：德文「in vollen Zügen」有「盡情」、「充分」之意，光就字面上的意思也能解為：「在擠得滿滿的火車上」）。

哈哈，沒錯！

另一方面，妳的詮釋還突顯出了非常根本的一點：我們的大腦顯然被編寫成非常善於製造具有意涵的相互關係，也就是「意義」，以致於就連在根本沒有任何相互關係之處，我們

甚至也能看到相互關係。

你能否舉個這方面的例子？

行，我們不如就以占星學為例好了。宇宙裡的星體排列，如我們所知，是依循著物理的規律。這與我們站在地球的觀點對宇宙所做的詮釋，也就是所謂的「星座」，一點關係也沒有！事實上，太空中根本就沒有什麼「大熊座」、「金牛座」或「處女座」，只不過是人類虛構的。雖然古時候這些「星座」曾經幫助人們在茫茫大海中尋找方向，但算命形式的占星「意義」卻反倒讓人困惑。因為，我們也沒有什麼合理的理由認為，人類恰恰是根據他們出生所屬的「星座」而有所區別。在那些星體上，絕對「沒有」寫上，哪些命運會落在你的頭上或你會具有怎樣的人格特質。談論這種事情，純粹只是在胡說八道！

為何？

因為這時候人們只是在事實上根本不具意義的相互關係之處，強加了一個具有意義的相互關係。有一大堆經驗研究都證明了這一點。

可是，「處女座」的人難道不確實是和「獅子座」或「雙魚座」的人不同嗎？我有時會覺得，這裡頭或許還是會有些什麼⋯⋯

之所以會有這種印象，那是因為，妳戴上了「星座眼鏡」在看人。妳專注於據說是典型處女座或典型獅子座的那些特質，先入為主地認為，這些特質會較常出現在特定月份出生的人身上。要是妳摘下「星座眼鏡」，不帶成見地探究這個主題，這些虛假的相互關係很快就會煙消雲散。包括針對「占星上的雙胞胎」——也就是針對那些正好在同一時點出

生的人——在內的研究，都證實了這一點。比起在完全不同時點出生的人，這些人並沒有顯現出更大的共同性。

儘管如此，有時我們也會看到，星座預言準確命中，那又該做何解釋？

首先，這和預言基本上都是模糊不清、模稜兩可有關，給了人們無窮的解釋空間，比方說「下星期你會收到一個友善的信息」這幾乎怎麼樣都說得通！再來，我們必須把預言偶然命中的統計機率考慮進去。如果你越常閱讀星座運勢，就會越常碰到某些預言恰好命中的情況。第三，我們也不能忽略掉，所謂的「自我實現的預言」（self-fulfilling prophecy）這種現象；有些事情正是由於我們「期待」它們會發生，它們才因而發生。

真有這樣的事？

當然！而且不僅只有在星座「算命」方面。我們從醫學研究中得知，存在著所謂的「安慰劑效應」（placebo effect）。那些誤以為自己被投以強效止痛劑的患者，確實會因此比較不覺得痛，儘管他們被施予的「藥物」根本不含任何止痛成分，只是含有糖和澱粉罷了。這種「治療的舉措會對自己有所幫助」的正面期待，促成了實際上根本沒有療效的「藥物」發揮療效。甚至連假手術也有這種正面的效果。美國德州曾進行一項研究，讓一百二十位「退化性膝關節炎」的患者接受了「手術」，只不過其中有六十位患者並未接受「真正的手術」，只是在皮膚上草草地切了一下。

兩年之後，研究人員追蹤患者手術後的情況，「兩個」組別居然都有百分之九十的患者對「手術」感到滿意，唯一的差

別就只有，未曾接受真正手術的人比對照組更不覺得疼痛。**這也太瘋狂了吧！在第一時間，人們或許會想說這樣愚弄別人，騙對方已經幫他們做了手術，但實際上卻什麼也沒做，不僅不人道，而且還很荒謬。然而，實驗的結果，接受假手術的患者情況居然還好過接受真手術的患者！呃……可是，什麼都沒做卻能顯現出療效，這到底是怎麼辦到的？你不老是說：「不會無中生有！」**

這是個好問題！某個實際上不存在的東西，當然也不會在這世上產生任何實際的作用。然而，實際相信某個不存在的東西存在，卻很有可能在這世上產生實際的作用！

不妨想想信仰「上帝」的例子。人們所想像的上帝，我們幾乎可以確定「祂」並不存在。儘管如此，從古至今，對許許多多的人來說，對上帝的信仰卻是最最真實的，它左右了人們的思考與行為方式，在歷史上留下了深刻的影響。

你居然把信仰上帝和相信假手術相提並論 ?!

有何不可？這兩者都顯示了，就算我們是基於錯誤的詮釋，相信了客觀來說很荒謬的事物，「相信」仍然是具有影響力的。另一個常見的例子就是所謂的「幸運戰袍」。如果足球教練偶然在某場比賽中取得意外的勝利，往往會把自己在那場比賽中所穿的衣服視為幸運戰袍，在別的比賽中也會穿著它。教練的服裝與球員的得分當然沒有什麼直接的關係，儘管如此，一件「幸運戰袍」卻能帶給球隊正面期待，從而提高獲勝的機會。

這個我懂，但兩者還是有個重要的差異：相信「假手術」或「幸運戰袍」的結果明顯是正面的，然而在信仰「上帝」方面，你或

許就不會這麼說了，不是嗎？

　　不，其實信仰上帝還是有可能會有正面的作用！有不少人藉助信仰，在人生中找到了依靠和方向。特別是當一個人陷入了生存的危機，例如關係親近的親戚或朋友死去、自己身陷囹圄或吸毒，不少人都會轉而求助於宗教，藉由這種方式逆轉自己的人生。

雖然完全沒有任何證據能夠支持他們信仰的真實性，是嗎？

　　是的。就連一些對於整個世界的運作錯得離譜的鬼扯，都可能非常有助於我們在人生中找到某些像是「意義」的東西。當然，如果我們能夠發展出某種不會完全扭曲宇宙真實脈絡的「有意義的意義」，或許會比較好。

　　不過，能夠有個「無意義的意義」，總是好過完全沒有！因為，一個人在人生的旅途中若是毫無方向，完全見不到自己值得為何而活，長期下來他幾乎不可能有什麼幸福可言。

了解。可是，我們為什麼會去追尋某種像是「意義」的東西呢？

　　演化生物學對於這個問題所給的答案，想必妳現在已經很清楚。

某種生存競爭的優勢嗎？不過，為何追尋「意義」會有利於繁衍呢？

　　妳應該還記得，在我們今日的對話之初，我曾說過「意義」與「相互關係」有關。

記得。唯有當我們能將句子的單詞，套入某個可以從中獲得意義的脈絡裡，我們才能理解某個句子的意思。

　　是的，只不過現在我們所要嘗試的，並非只是在字詞的相互關係中理解字詞，而是要去理解我們在自己的人生中遇到的

所有現象。我們不斷地在事物與事件之間建立理論上的相互關係，努力找出造成結果的可能原因，藉此讓我們能在世上找到方向。

喔，我大概能猜到選擇優勢在這邊會怎麼運作了。一個人如果越能理解那些相互關係，就越容易在世上找到方向；如果越能找到方向，就越有可能去利用那些可乘之機！

正確！凡是具有智能與學習力的動物，在遇上新的刺激與經驗時，牠們就會面臨一個「小小的意義問題」。牠們雖然不一定會去追問「生命整體的意義」，但很有可能會問：「這些新的刺激與經驗對於自己的生命可能代表些什麼」。它們是危險的還是無害的、是有利的還是不利的？如果是有利的，換言之，有助於生存或成功繁衍，一隻動物就得試著找出如何在新的條件下達到自己的目標。為此，牠有時必須洞悉某些極其複雜的相互關係。

動物要怎麼做到這一點？

高度進化的動物在這方面基本上與我們人類相差無幾。牠們會試著借助「試驗與錯誤」，有時還會借助針對性的分析、計算與謀劃，去解決種種問題。長久以來，我們總是嚴重低估其他動物的智力，一直誤以為牠們只聽從直覺，沒什麼學習能力。如今我們曉得，當事關解決問題，某些動物其實是具有高度的學習意願與豐富的想像力。不僅高等的哺乳動物像是老鼠、猿猴或海豚如此，就連烏鴉也是。

對耶，我也聽說過烏鴉其實非常聰明，牠們能在鏡子裡認出自己，貓就做不到這一點。

沒錯，烏鴉具有許多令人訝異的特質，牠們會事先計畫與利

用工具，藉以獲取食物，甚至懂得利用人類的文明成就來幫助自己達成目的。舉例來說，牠們發現了一種以優雅的方式打開堅果外殼的方法：直接把堅果丟在車水馬龍的街道上，讓汽車碾過那些堅果，接著就能拿裡面的果仁飽餐一頓。

聰明的鳥兒！

沒錯，不僅如此，牠們甚至還會觀察紅綠燈，藉以避開危險！這個例子顯示出烏鴉能夠洞察非常複雜的相互關係，也因此牠們得以為街道賦予一個屬於「烏鴉的意義」。

你的意思是？

有別於街道對人類來說具有「移動功能」的「意義」（我們可以藉由道路前往某些地方），街道對於烏鴉來說卻是具有「胡桃鉗功能」的「意義」（它們能讓烏鴉不費吹灰之力取得食物）。

OK，具有智能的動物，如烏鴉，能夠洞察事物之間的相互關係，並且藉此賦予事物某種特別的意義。我比較感興趣的是，牠們是否也會犯一些人類會犯的錯誤呢？牠們是否也會錯誤地詮釋相互關係，是否也會在根本沒有關係的地方自己設想出些什麼關係呢？

當然！包括「迷信的老鼠」在內的一些實驗，也證實了這一點。這妳有聽說過嗎？

沒有，不過聽起來滿有趣的，你說說看吧。

這個實驗其實很簡單，受試的老鼠會被單獨放進一個房間裡，房間的盡頭則擺了個食盆。十秒鐘之後食物會落入盆中，只不過有個前提，老鼠必須在十秒鐘之後才到達食盆，如果牠們提前到那裡，食盆還會是空的。妳猜猜看，接下來

會發生什麼事？

我猜不到！

老鼠對於實用的意義關係非常感興趣。在幾次盲目的嘗試後，老鼠就會知道，食物的出現與牠們抵達食盆所需的時間有所關連。問題是，牠們通常只需要兩秒鐘的時間，就能跑到食盆旁邊，所以牠們得要打發剩下的八秒鐘。在這段時間裡，不管牠們做什麼，完全與成功獲得食物無關，可是受試的老鼠並不曉得這一點！在這樣無知的情況下，牠們就會產生出我們完全可將其稱為「迷信」的行為。

為何？

假設，受試的老鼠在第一次試驗成功時，「偶然地」轉了兩圈、向後走了三步、向前走了十步，以這樣的方式虛度了多出的八秒鐘。藉由成功獲得食物的證明，牠們就會重複這套模式。在這種情況下，牠們會堅信這套「偶然」的舞步是獲得食物不可或缺的前提。

如果我們把牠們的後代也一起放入房間裡，牠們可能會把這套獨門舞步傳授給後代。透過這樣的方式，就會產生出好幾個世代的「迷信的老鼠」，牠們會深信這套舞步的意義，也就是這套舞步與獲得食物的因果關係——儘管實際上根本不存在這樣的關係。

真有意思！仔細想想，我們人類為讚嘆與感恩「神明」、「自然力量」或「命運」而舉行的那些儀式，和老鼠的這些舉動還真是沒啥兩樣……

沒錯！我們人類經常也會在這些「小的意義問題」上犯些離譜的錯，因為我們和實驗裡的「迷信的老鼠」一樣，都會對

相互關係做出錯誤的詮釋。只不過，我們會透過有系統的檢驗方法排除這些錯誤，這也正是科學研究的目的。

好了，我認為在詳細討論過「小的意義問題」後，現在我們該來談談「大的意義問題」了。為何人類不只會問「這種情況對人生有什麼意義」，而且還會追問「生命到底有什麼意義」？

人類是一種比其他目前已知物種更會去預測未來的生物。我們會去思索未來，因為曉得未來是有限的。我們不僅知道自己的存在，也知道「我們的存在的有限性」。因此，我們不只會問「人生是否值得為這個或那個而活」，還會更根本地去追問「人生到底值得為了什麼而活」，萬事萬物背後是否有「隱藏的意義」？又或者，生命的意義其實就在生命本身，因此完全不必從什麼「更高的存在」引出生命的意義？

對於這個問題，哲學家與神學家分別給了截然不同的答案。

有宗教信仰的人一定是相信，唯有當生命「本身」具有某種意義，才有可能擁有有意義的人生。可是，在我們談了這麼多事情後，我覺得你一定會質疑這種看法的正確性。

沒錯！別的不說，光是因為根本不可能合理談論「意義本身」，就足以讓我質疑了。

所以我們在這裡又遇到和之前談過的「事物本身」同樣的問題嗎？正如同，只要脫離我們的知覺，我們就難以對事物有所認識，也難以針對可能脫離我們想像而存在的某種意義說些什麼。

正是。我們無法知道，是否有個在「宇宙本身」見到「意義本身」的「事物本身」。因此，我們應該如維根斯坦所說的那樣：對於不能談論的事物……

我們則必須保持沉默！

接得好！但這並不妨礙我們去談論「對於我們而言的世界」！我們也能對這個世界做些合理的陳述⋯⋯

借助邏輯與經驗！

對，如果我們這麼做，就會發現沒有任何事情，能夠支持「有個『更高的存在』賦予了世界或人類的『被創造』某種深具意義的目的」這樣的說法！

因為這個世界設計得是那麼地沒有智慧，它的背後根本不可能有什麼智慧的設計者！

是的，因此我們不得不認為，人類根本就不是精心、善意的「神作」之頂，我們其實不過是在一個毫無意義的宇宙裡的一個意外，而且終究只是暫時的現象。

我知道，但這聽起來難道不是很淒涼嗎？

我可不覺得。因為到底為何我們得去關心，生命是否具有某種「意義本身」呢？對我們來說，重要的其實是可以賦予人生某種「對於我們而言的意義」！除了我們之外，是否還有一種、兩種、三種或無限多種「更高的存在」，「同樣也」會為我們的生命賦予某種意義，這完全無關緊要；更何況，我們根本就沒有任何證據能夠證明那些「更高存在」的存在。

可是，如果我們之後突然發現，這個世界的確是某個「更高的存在」精心設計、創造出來，那會如何呢？

我想演化生物學家可能會跌破眼鏡！

對，不過這對我們所認為的「生命的意義」，又代表著什麼呢？

在這樣的情況下，當然就得重新思考我們的意義概念。但這絕不代表，我們就非把這個「更高的存在」在宇宙中所見到

的意義也當成我們的意義！事實上，那個意義完全有可能根本就與我們無關！

這讓我想到先前關於上帝存不存在的對話：如果創世主故意把世界造成它現在這副德性，祂要不是個糊塗鬼、要不就是個以折磨創造物為樂的虐待狂！

沒錯，而且無論這個「更高的存在」在生命裡見到了什麼意義，那也是「祂的」意義，不是「我們的」意義！我們為我們的存在感謝某個對象，這項事實並不必然就代表著，我們也得接受對方對於生命意義的看法。

對！否則的話，子女也必須全盤接受父母的信念，不管那些信念合不合理。

是的，那樣會很荒謬！畢竟，一個人把什麼視為有意義或無意義，完全是他個人對事物的看法。當然在這當中，一個人會受到在演化中被傳播開來的生物機制所左右，也會受到身處的文化發展出的觀念所影響。然而，這一切完全改變不了「並沒有任何『普遍適用』的生命意義」這項事實。

就像沒有某種普遍適用的「馬路意義」。對我們來說，馬路是幫助我們從甲地前往乙地的輔助設施；相反地，對烏鴉來說，馬路卻是撬開堅果的一種工具。

沒錯。一如烏鴉不必非得接受馬路對我們所具有的意義，如果真有「上帝」，我們也不必非得接受「上帝」預先設定好的生命意義。我們必須自己決定：對我們來說生命的意義在哪。

所以這代表，在生命本身之外去尋找生命的意義是沒有意義的，是嗎？

是的，我們甚至得避免說出「『尋找』意義」這樣的話。因為生命的意義並不是能在某處找到的東西，我們不能夠像在花園裡發現別人事先藏好的復活節彩蛋那樣發現它們，也不能夠像在採集野生蘑菇那樣在自然中撿拾它們。

生命的意義完全無法被「發現」，只能被「創造」！賦予你自己的生命某種意義，這主要是種「創造性的成就」，換言之，我們自己製造出了某種一開始根本就不存在的意義。

你的意思是，只是因為我們賦予了生命意義，生命才擁有意義？

沒錯。這種「生命的意義」是如此地主觀，就像紅色會帶給不同的人不盡相同的感受。無論如何，「意義」與感官的感受很有關係，因為意義是從感官性中被喚醒的！如果人類不具備用以感知與評斷世上種種刺激的感官，我們或許根本就不會提出「意義」這個問題。

為何？

妳不妨想像一下，妳無法看到、聽到、聞到、嚐到、觸摸到任何東西。對妳來說，既沒有令人舒服的也沒有令人不舒服的東西、既沒有暢快也沒有痛苦、既沒有快樂也沒有悲傷。在這種情況下，對妳來說，絕對沒有什麼是有意義的，因為「沒有感官就沒有任何事物具有意義」。

妳是否吃了什麼好或壞的飲食、是否有小孩被卡車撞死、人們是否喜歡妳、尊敬妳或鄙視妳，這一切對妳而言完全無所謂。

所以，我們之所以能夠賦予生命某種意義，只是因為具有感官。在它們的幫助之下，我們可以在生命的正反面之間做判斷……

正是如此！唯有當我們自問，是否有什麼事物對我來說是值

得的，我們才會去衡量好壞。舉例來說，去參加隔壁的派對是否有意義呢？一方面我們可能會在派對上遇到有趣的人，另一方面也有可能遇到無聊透頂的人，把好好的一個夜晚給毀了。

這同樣也適用於我們對生命所採取的態度，畢竟在這方面同樣也是關乎某種「好與壞的區別」。為了生活所付出的努力是否值得？還是所有的努力都只是浪費時間罷了？如果針對這個問題，我們在生命中所見到的「好」大過於「壞」，那麼我們就過著有意義、值得一活的人生。但如果是「壞」大過於「好」，人生顯然就失去了意義。在這種情況下，我們迫切該做的就是編織出新的人生意義。因為，過一個你根本不認為值得過的人生，是一種折磨。

嗯……覺得什麼是好、是壞，這是件非常主觀的事。難道說，我們沒辦法透過任何客觀的方法，去區分「好的」與「壞的」主觀生命意義嗎？

還是可以！我們曾經提到：人類當然可以區別「有意義的意義」與「無意義的意義」。妳不妨回想一下不明飛行物體教派「天堂之門」的成員，他們認為自殺很有意義，藉由這樣的方式，他們的「幽浮靈魂」就能登上一艘星際太空船。

這種「主觀的意義」當然是建立在「客觀的無意義」之上！因為「星際太空船」和「幽浮靈魂」都不太可能存在。這些人如果能夠發展出一幅比較切合實際的宇宙關係圖，也許他們至今仍能活著。

所以，你認為我們應該檢驗一下，對於「意義」的想法是否建立在切合實際的假設上？

是的，我認為我們不該把人生建築在妄想上，而是應該嚴格地檢驗，我們所假設的那些相互關係是否「確實」存在。我之所以會那麼聚精會神地投入科學研究，這也是原因之一，因為科學可說是我們發展出來，用以檢驗「陳述的真實性」最成功的工具！只不過，當事涉生命的意義時，科學很快就會到達它的極限。

為什麼？

因為生命的意義並不是人們可以用某種方法測量、檢驗或計算的東西。科學雖然能夠幫助我們理解這個世界「是」如何，但它無法告訴我們，這個世界「該」如何。

你能不能舉例說明呢？

讓我們以演化生物學的研究成果為例好了！我們現在可以充分了解，為何殺嬰的現象在自然界裡如此普遍，例如，一隻公獅在接管某個獅群之後，會殺害前一任領袖所生的小公獅，如此一來，才更有利於傳播牠自己的基因。就連我們的近親山地大猩猩，牠們的後代也有將近三分之一，是基於這個原因而淪為殺嬰的受害者。

科學家解開了這裡面的演化機制之謎，但這項知識對我們來說代表什麼呢？只因「殺嬰」是「天然的」行為，所以人類也該放任它合法嗎？當然不是！但這並非科學的判斷，而是道德的判斷。

人們不該殺害小孩，這並非科學的判斷嗎？

是的，若只是根據科學並不會得出這樣的判斷，但科學的方法並不適用於回答這類問題。透過觀察、計算、實驗，我們可以得知為何鳥兒能夠飛翔、化學物質會如何交互作用、

為何有地震發生等等，但無法用在人權相關的議題上。同樣地，也不太可能找到能夠計算生命意義的科學公式。我們或許可以這麼說：科學可以帶給我們「知識」，而非「智慧」！

你所認為的「智慧」到底是什麼？

我所認為的「智慧」就是，能深具意義地去利用關於世界的知識這樣的能力，也就是，妥善地運用那些知識去為所有的人謀求盡可能大的福祉。

照你這樣的說法，「智慧」或許是人們可為自己的生命賦予不錯的意義的重要前提，不是嗎？

是的，這個說法每位「哲學家」應該都會贊同！畢竟，「philosophia」（哲學）的字面翻譯就是「愛智慧」。如果智慧無法幫助我們以值得的方式去過人生，我們為什麼要愛智慧呢？

如此一來，科學與哲學之間的差異就在於，科學傳遞知識，哲學傳遞智慧，是嗎？

在理想的情況下該是如此。無論如何，哲學並不是只關乎純粹事實的「科學」，事實上，哲學可謂是一門「藝術」，一門可將純粹的事實拼湊成一幅連貫的、在感官上極具吸引力的全貌的「藝術」。

所以說，一位哲學家，與其說是科學家，不如說是藝術家？

是的，而且我這麼說是有很好的理由。因為，在浩瀚宇宙裡的這個微小「塵埃」上經營一段富有意義的生命，都可謂是種「藝術」！雖說，如果我們能夠知道這個宇宙裡的一些相互關係，會非常有益於這項「生命的藝術」；不過，我們不必非得曉得「關於生命、宇宙及其餘一切」的答案，才能做

個「生命藝術家」。儘管我們對於「最終極的東西」、對於「世界本身」一無所知，然而，憑藉對於「對於我們而言的世界」暫時的、不到千分之一的一半的知識，我們其實還是能夠好好地過活。至少，如果我們懂得以合理的方式妥善利用這些知識的話！

無論如何，憑藉我們目前對於這個世界的了解，就足以幫助我們在這個地球上快樂、正直且有尊嚴地度過短短數十年的歲月。而這不也就是「生命的意義」這個問題最終所關乎的！

OK！照這個情況看來，在我們談論了這一切關於「生命、宇宙及其餘一切」的事情後，現在我們或許該轉向「生命的藝術」這個問題，你認為呢？

嗯，在我看來，這的確是「頗具意義」的下一步。

2

生命的藝術

「你來自無，你走向無。你有何損失呢？無！
所以，請你總是看著生命的陽光面！」

蒙提巨蟒（Monty Python）
英國喜劇表演團體

「我無懼於死亡，
我只是希望，當死亡發生時，我不要在場。」

伍迪・艾倫
美國電影導演、演員暨作家

我們如何才能找到
通往幸福的道路？

在上一次的對話裡談到說，當我們覺得值得度過這一生，生命在我們看來就會充滿意義。

是的，如果我們在生命中看到的是好而不是壞，就會認為人生是有意義的。

那麼，「有意義的存在」是否等同於「幸福的存在」呢？

有部分的哲學家是這麼認為。例如伊比鳩魯，在兩千多年前就曾表示，生命中最高的好是幸福，最高的壞是不幸福。他認為哲學家的任務就在於幫助人們成為幸福的存在。

聽起來很貼心。

是的，只不過，伊比鳩魯所主張的這種想法，還是遭到來自四面八方的強烈反彈。因此許多世紀以來，「人生的意義」完全在「個人的幸福」裡缺席，大家注重的是個人如何履行對「上帝和祖國」的「神聖義務」。直到一七七六年的《美國獨立宣言》（*United States Declaration of Independence*）裡，人們首次在一份正式的政治文獻中確認了，追求「幸福」是每個人的天性，政治必須尊重這項基本權利。就這點而言，我們可以說伊比鳩魯最終還是贏了，至少在西方社會裡，「個人幸福的權利」的地位如今已然穩固——雖然人們還是希望各國的政策能夠更加關注這一點。

也許，我們沒辦法很容易確定什麼叫做「追求幸福」。因為到底

什麼叫做「幸福」呢？乍聽之下，我並不曉得該怎麼去定義這個詞彙。

　　我在文獻裡所讀過最簡潔、最漂亮的定義，是出自美國心理治療師亞歷山大・洛恩（Alexander Lowen）。他認為，幸福是「成長的意識」。

這是什麼意思？

　　很可惜洛恩並未進一步說明。不過，我認為他的幸福定義點出了非常核心的東西，也就是「幸福」並不是靜態的事物，而是非常動態的事物。

你可以不要說「火星文」嗎？

　　好啦。妳不妨想像一下，妳的生命就在當下、此刻被「凍結」起來，不必再擔心會失去極為珍視的人、事、物。妳和最愛的人的將永遠存在於世上，然而從這時起，妳所經歷的每一天，將永遠重複同樣的內容，不會有得失，也不會有任何高低起伏。活在這樣一種永遠「安定」的世界裡，妳會覺得幸福嗎？

呃⋯⋯再也不會失去任何心愛的人、事、物當然是很棒，可是一個再也不會發生新鮮事的世界，恐怕會讓人無聊死！

　　的確。「安定的」存在絕非「幸福的」存在。

對，這點我們在討論「天堂裡的永生」時曾經講過。沒有什麼會比一連串的好日子更令人難以承受的！也因此，無限多個同樣美好的日子，對我們來說簡直是種可怕的懲罰。

　　沒錯。但問題到底出在哪呢？

我會說是：「不冒險，不有趣！」如果一場比賽中完全沒有落敗的風險，那麼獲勝也不會帶來任何樂趣！

正是。安定雖然重要，因為它能撫平我們的生存恐懼，不過另一方面，它同時也強烈地阻礙了幸福感。精神分析的祖師爺佛洛伊德（Sigmund Freud），在這當中看到了現代文化的一個基本問題。他認為，人們用「一塊幸福可能性」換取了「一塊安定」。

這是不是為什麼有那麼多人會去玩雲霄飛車或高空彈跳的原因呢？我們以人為的方式製造出危險的瞬間，是因為很少在日常生活中經歷真正的危險？

我也是這麼看的。基於同樣的原因，動作片和恐怖片也格外受到歡迎。一個人每天都循著同樣的路徑去工作，在工作場所裡一再反覆操作同樣的事情，藉由在螢幕前陪著劇中的英雄主角一起對抗邪惡的歹徒或恐怖的殭屍，這樣至少能在晚上逃離單調的生活。

恐怖片之所以會在我們這裡這麼夯，無疑得歸因於，生活在很大的程度上早已失去了恐怖感。相反地，一個人如果活在多災多難的環境裡，就不太可能從災難片中獲得什麼。

所以我們會去尋求某種對比或反差嗎？

當然！佛洛伊德曾在《文明及其不滿》（*Das Unbehagen in der Kultur*）一書裡指出，讓我引用他的原文：「**（我們）可以非常強烈地感受到『對比』，卻不太能感受到『狀態』。**」根據妳個人的經驗，肯定也明白這一點。妳投入於某件事情，除非達成了，否則妳絕不肯罷休。在終於達成的那一刻，妳覺得超級幸福。然而，在那之後，妳很快就會習慣所達成的事情，那種狂喜的感覺變得蕩然無存。

對耶，像我獲得到駕照和車子時，情況就是這樣。在第一時間真

的充滿了莫名的興奮！雖然現在我還是覺得，能夠擁有行動自由，自己想去哪就開車去哪，確實是超棒的，不過，這種感覺完全不能跟剛開始那幾週擁有的幸福感相提並論。

　　這正是佛洛伊德所指出的，「延續快樂原則所渴望的某種情況」，只會製造一種「疲乏的愉悅感」。

難道我們就是因為這樣才一再尋求新的刺激？渴望更好的手機、電視、汽車，更精彩的動作畫面，更強烈的情感……等一下！這聽起來跟吸毒者超像的，必須不斷提高毒品的劑量，才能滿足越來越大的毒癮！

　　這是個很不錯的比喻，它點出了，追求成長總是可能伴隨著危險的副作用。這點在物慾增長方面尤為明顯。一方面，這樣的成長追求帶來了非常多正面的影響，可說是「社會發展的發動機」。因為，如果老祖宗一直滿足於自己所擁有的東西，今日人類或許仍以洞穴為家。

　　另一方面，這種持續性的強迫成長卻也造成了嚴重的問題，畢竟地球資源是有限的，根本不可能供應無限的物質成長，只要想想那些被砍伐一空的雨林就知道了。

說得沒錯。如果每個人都想分得一塊最大、而且越來越大的蛋糕，最後根本不會有蛋糕可分。

　　正是如此。我們什麼都「想要更多」的渴望，不僅會將地球的資源淘空，也會在人與人之間造成劇烈的分配衝突。

因為那些分到比較少或完全沒分到蛋糕的人，不可能永遠摸摸鼻子自認倒楣！

　　因此，強迫性的物慾增長也會導致心理壓力的增長，這又會進一步對人的健康造成不良影響。許多國際性的研究都顯

示，一個社會裡的社經地位差距越大，人們的平均健康狀況會越倒退。生活在那些貧富差距過大的社會裡，就連富人也都會覺得不舒服。

所以，最上層的少數人也不是那麼樂見，藉由犧牲別人來成就自己的財富？

是的，因為這樣會讓藉由損害他人利益來確保自己財富的壓力升高。此外，相關研究顯示，超過某個富裕程度，財富的增加便失去了心理意義。

一個人在銀行裡如果已有一千萬歐元的存款，再多一筆一百萬歐元完全不會讓他變得更幸福一點。

是喔，好可憐的千萬富翁……

我可以理解妳的同情是有限的。因為這個世界上，絕對有比把自己的金錢花在荒唐的事情上，更嚴重的問題。

我曾在某個愚蠢的節目裡看到，有位整型整得超誇張，而且煩惱自己錢太多的富太太，居然送了一條價值數萬歐元的鑽石項鍊給她的狗！

確實有這種事情。我們也不該低估這種「奢華墮落」的心理後果，因為這種現象絕非只會出現在那些千萬富翁身上。一個人若是覺得，唯有聚斂財貨才會提升自己的幸福，到了某個時刻，這整件事情在他看來將顯得十分空洞；在消費品的汪洋中，獲得更多的消費品也難以讓他感受到幸福。

所以，我們不能建議任何人，以這種方式去購買自己的「幸福」囉？

是的，古希臘哲學家亞里斯多德（Aristotle）就已知道，財富雖然是幫助獲得幸福的工具，但絕不必然與幸福相伴而

行。想要找到幸福，其實有不少更好的策略，在過去幾年裡，人們也相當熱衷於這方面的研究。

這種事到底要怎麼研究？

從前心理學家主要都是研究那些心理有問題、對這個世界感到不滿或對周遭顯然是種負擔的人。不過，從幾年前開始，專家學者們對於那些對自己的生活更覺得滿意的人，也越來越感興趣。所謂的「正向心理學」（positive psychology）是為了試著找出：這些人有什麼特殊之處、為何會比其他人更容易感到幸福、他們都做了些什麼來為自己的人生賦予意義。

很有意思！在這些研究中有何發現？

最主要的發現就是，有三種特別容易成功的幸福策略，分別是：享樂主義（hedonism）、自我實現（self-actualized）、致力於更重要的事情。一個人如果能把這三種策略相互結合起來，經營出幸福人生的機會就會大幅提升。

你應該不吝於告訴你的寶貝女兒，這三種幸福策略的背後各隱藏了些什麼吧？

當然！我們就先從第一種策略開始好了。「享樂主義」一詞是源自於古希臘文「ηδονή（hedone）」，意思大約等同於「快樂」或「愉悅」。所以「享樂主義者」指的就是追求人生中的快樂和愉悅的人。

這不是每個人都在做的事嗎？

是沒錯，只不過從古到今，還是有不少人對此不以為然。妳不妨回想一下帕斯卡，也就是提出「帕斯卡的賭注」和認為「久病不癒」才是人類理想狀態的那位數學家。或者，妳也

可以想想天主教自治社團「主業會」（Opus Dei）的創辦人，若瑟瑪利亞・施禮華（Josemaría Escrivá de Balaguer），他曾在二十世紀中葉時表示：「且讓我告訴你在這個地球上人類最真實的寶藏，好讓你別與它們失之交臂：飢、渴、冷、熱、痛苦、恥辱、貧窮、孤獨、背叛、毀謗和牢獄。」

這也未免太瞎了吧！

教宗若望・保祿二世顯然不這麼覺得，他甚至還以破紀錄的速度將施禮華封為聖徒！不過，先別管這些題外話，讓我們回歸享樂主義。諸如伊比鳩魯等偉大的哲學享樂主義者指出：要過一個快樂和愉悅確實佔了大部分的人生，其實並沒有那麼容易。這需要一點深思熟慮，畢竟快樂的滿足有時會伴隨著比快樂高出好幾倍、令人不快的副作用！

也就是說，我們並不是要不計任何代價追求快樂，而是要聰明地衡量，我們的願望會為自己和其他人帶來什麼後果。

如果是伊比鳩魯的話，他可能會給那位送鑽石項鍊給狗的整形貴婦什麼建議呢？

伊比鳩魯曾經表示，「開開心心地睡在糠秕上」，要比「睡在黃金打造的躺椅上或吃著滿桌子美味的菜餚卻始終心神不寧」來得好。在這位古希臘哲學家看來，一個不曉得重視簡單事物的人，當然也無法「享受」豐盛。

聽起來很有道理，但難道不會和佛洛伊德的說法有所矛盾嗎？他不是指出對於已經擁有的東西，我們就不再會特別珍惜？

妳說得沒錯。習慣的自動機制往往會阻礙我們去珍惜簡單的事物，也因此伊比鳩魯認為，我們應該藉由學會「正念」（mindfulness），來培養這種態度。「正念」是伊比鳩魯生

活藝術的核心要素。

「正念」指的又是什麼？

　　「正念」指的就是「完全處在當下」，經歷眼前這一刻的充實，在完全清醒下體驗自我與周遭。

等一下，這不是超級「宗教味十足」的嗎？而且居然還是由你講出來的！

　　並不是所有聽起來「宗教味十足」的東西就一定是「宗教味十足」！

　　「正念」說穿了只是一種簡單的生活經驗。妳可以漫不經心把食物吞進肚子裡，完全不曉得到底吃了些什麼；也可以細嚼慢嚥，仔細品嚐簡單的食物所能提供的細緻的味道與口感。借助「正念」，簡單的飲食也能變成感官的享受，這是用生活樂趣來充實我們的一種體驗。

聽起來是不錯。不過如果是吃你上回炒的飯，我看還是別太有「正念」比較好⋯⋯

　　有那麼難吃嗎？

對我來說太辣了。

　　抱歉，在這個情況裡，如果妳借助正念強化自己的感官知覺，也許真的沒有什麼幫助！不過，在絕大多數的情況裡，這會是一件好事。因為在正念的狀態下，我們可以更強烈地享受人生中的種種事物，更深入地體驗觸覺、色彩、聲音和氣味。

　　一個接受正念訓練的人，總能一再從已知的事物中發現新東西。他會了解到透過更仔細的觀察，那些看似尋常的東西，其實一點也不尋常。正念教導我們，在習以為常的事物中也

能發現新的刺激，從而讓我們從強迫性不斷尋求更新、更強的刺激事物中解放出來。

OK，我懂了。我對享樂主義沒什麼問題，可以談談第二種幸福策略了！第二種幸福策略所涉及的又是什麼呢？

涉及到了「自我實現」，換言之，就是盡力讓自己的能力獲得最佳發展。

這樣的努力難道真的會帶來幸福？

是的。「努力達成某個目標」甚至還是我們被以幸福感獎勵的一項重要前提。一個精疲力竭、手指都快被凍壞、但終於攻頂成功的登山者，基本上會比坐在游泳池畔、喝雞尾酒、享受日光浴的觀光客更覺得幸福。

身為一位「懶骨頭大師」，我完全無法贊同這種說法！為何累得跟狗一樣要比舒舒服服、無所事事地躺著來得好呢？

因為「活躍」在演化上關係到了選擇優勢。在團體裡，一個人若只是在一旁坐看別人如何殺水牛、採果實或在競爭中建立彼此的等級，他完全不會特別吸引人，從而也將幾乎無法傳播自己的基因。於是，在我們的身上，就發展出了一套屬於個人的成功獎勵系統。當我們做成了某些對我們來說相當重要的事，身體就會分泌出真正的「藥物雞尾酒」讓我們感到快樂、幸福，藉以激勵人類去超越自我、提升自己的表現。

我確實是有聽說過跑步或登山會產生幸福感，但老實說我很難想像。不過在其他方面，人們肯定也能以這樣的方式實現自我，不是嗎？

別擔心，並不一定非得要在運動方面拿出最好的表現，才能

去品嚐實現某個自我設定的目標所促發的幸福感。妳自己不也說過，在總算考到駕照那一刻感到多麼幸福。當妳首次完美地彈完一首極為困難的鋼琴曲，或是總算解開了鑽研多時的某個難題，妳也會有類似的經驗。畢竟，我們慶祝什麼樣的成功並不重要，重要的是，那項目標符合我們的能力，難度既不會過高、也不會過低。

這點前面我們也談過。如果我在一場比賽中保證獲勝，那麼勝利也不會帶來什麼樂趣。最美妙的情況反而是，從原本屈居劣勢最後獲得逆轉勝，這樣會引爆狂喜！

沒錯，在 2014 年的世界杯足球賽裡就見到了這樣的情況。當時的德國代表隊幾乎全是年輕又沒什麼經驗的球員，大家對他們都沒抱什麼期待，然而隨著整支球隊漸入佳境，所有人也都跟著振奮起來。

這個例子其實顯示出我們自己根本不用做什麼，也能感受到強烈的幸福感。球迷本身並不需要在球場上打拚，儘管如此，在比賽現場還是不乏幸福感洋溢的球迷。

妳說得沒錯。由於我們人類是種非常具有同理心的生物，所以也能在某種程度上將辛苦和幸福感「借給」別人。當我們和電影裡的主角融為一體，也會發生同樣的事。雖然我們並非親自打倒那些壞人，也非親自談了場轟轟烈烈的戀愛，但我們卻能有「一點」那樣的感覺。這裡所要強調的是「一點」，因為「二手的感覺」永遠不會像真實經歷某種狀況所感受到的那麼強烈。

明白！那些在旁觀別人從事高空彈跳的人，所感受到的絕對比不上親自從高空一躍而下的人。

肯定是比不上，這也在當今的社會造成了一個問題！我們很容易就會落入被動消費的角色，無須耗費精力，只要舒舒服服地躺在沙發上，就能體驗各式各樣的虛擬冒險，這的確十分誘人。

我們捨棄了自己努力不懈、在數度失敗後或許能獲得的成功，轉而去「借用」別人的感受。這種「二手的幸福」說穿了，也只不過是一種對真實幸福的模擬。我懷疑，這或許也是近年來人們罹患憂鬱症的情況越來越嚴重的一個重要原因。我們越來越喪失親自活躍起來的能力，導致了身體內建的生物獎勵系統日益萎縮。

你該不會是在暗示我們不該再繼續追劇或看電影了吧?!

不，當然不是。我想說的是，若想要有個成功的人生，光是被灌輸、被餵養是不夠的。一個人若是只會消費那些呈給他的東西，就不太有機會變得幸福。

為了體驗真正的幸福感，我們必須自己動起來，不能夠害怕辛勞。詩人艾瑞克・卡斯特納（Erich Kästner）的名言：「沒有什麼是好的──除非，你自己動手！」顯然也適用於個人的幸福追求。

好，我以後會試著多活動活動，不要只是賴在沙發上……不過，我們還是接著再來談談第三項，也是最後一項幸福策略。如果我沒記錯的話，你說的好像是「致力於更重要的事情」，這又是什麼意思呢？

一個人如果把自己的人生奉獻給「更重要的事情」，他便能透過在自己和他人的利益之間建立某種「關係」，為自己的人生賦予「更全面」的意義。舉例來說，如果妳為了環保、

動保、公平的全球貿易或為照顧無家可歸的人們奉獻一己之力，妳的人生將不只對妳自己有意義，同樣也會對別人有意義。

這種超越個人利益的生命意義擴張，誠如許多投身社會或環保運動的人士所言，是幸福感的一大來源。曾經有位十七歲的學生在高中畢業考時，針對〈年輕人在選擇自己的職業時所做的思考〉這個作文題目，寫了一篇這方面的文章──雖說要寫這個題目有那麼一點可憐，卻也挺好的。

呃……這題目看了讓人很胃痛啊！

的確如此。還好這位學生不太在題目本身打轉，而是去探討一些比較普遍的問題，雖然閱卷老師不特別喜歡他所寫的內容，不過那些內容對於今日的我們來說倒是越看越有趣。在文章的結尾處，這位年輕人說明了，為何把自己的人生奉獻給「更重要的事情」會是聰明的。

他寫道：「經驗表明，能促使最多人幸福的人最是幸福；如果我們選擇了能幫助他人的崗位，即使是沉重的負擔也不能摧折我們，因為它們只不過是我們為眾人所做的小小犧牲。我們不再只是享受著貧乏、侷限又自私的歡樂，我們的幸福屬於百萬民眾，我們的所作所為雖然安靜無聲，卻能永遠發揮影響，高貴的人們將以他們的熱淚沾濕我們的骨灰。」

哈哈，對於一位十七歲的小男生來說，這些太 over 了吧！我希望這不是你唬爛的?!

妳不相信嗎？這當然不是我捏造的，就是當年十七歲的我也沒有那麼老成！寫下這段話的學生名叫卡爾・馬克思，日後他成了「科學的社會主義」的奠基者，在人類歷史上留下了

他的大名。

耐人尋味的是，早在他的高中畢業考作文裡，某種程度上馬克思就已經寫下了自己的人生座右銘。因為他的信念，也就是把自己的人生奉獻給「更重要的事情」，或者說得更明白一點，奉獻給讓勞動者階級或全人類從資本的暴政中解放出來，日後確實讓他更容易去承受自己人生中的沉重負擔。即使是在一貧如洗的日子裡，馬克思也不曾懷疑過自己的人生的意義，因為他堅信，自己對「社會主義」的所作所為都是值得的，而且也有益於世人。

當他在一八八三年走到人生盡頭時，毫無疑問地相信自己的這一生沒有白活，因為正如當年身為高中生的他所期盼的那樣，他的所作所為「雖然安靜無聲，卻能永遠發揮影響」。

可是他所主張的「社會主義」事實上也沒那麼好吧？

是的，整個發展與馬克思所期待的截然不同，不過那是另一個問題。我之所以在這裡選擇了馬克思的例子，是因為從他的人生，我們很容易就能看出，一個人完全可以從一生致力於某項超越個人利益的工作中獲得個人的利益。其他像甘地、馬丁·路德·金恩及許多投身於人道救援的人士，也都是很好的例子。

嗯，或許你也能舉些一樣有道理、但比較令人不舒服的例子，像是希特勒和史達林，他們不是也相信自己獻身於某件「更重要的事情」嗎？

我就知道妳會這麼說。妳說得當然沒錯，這裡顯示出了一個與致力於「更重要的事情」有關的大問題：「更重要的事情」可以是扶助無家可歸的人或陷於急難的家庭，可以是讓罹癌

病童展露笑顏，也可以是促成更好的教育、更公平的經濟或更完好的大自然。然而，這也可能代表著，幫助實現某些民族主義或宗教的瘋狂想法。雖然這不是我們所樂見的，不過就現實的觀點來看，我們也不得不承認，就連希特勒、史達林或九一一攻擊事件的恐怖分子，同樣也過了一個「充滿意義的人生」──儘管在我們看來，那些「意義」簡直就是泯滅人性的瘋狂！

對啊，關於這種「無意義的意義」，我們前面也有談過。

很遺憾我們一再看到，世界上某些幸福是以他人的不幸福為代價，其中的意義攤在陽光之下根本就是巨大的荒謬。但我們也不必過於驚訝，因為若幸福與意義實現真的只和正面的事物相連，例如愛、知識、對生命的尊重、深入了解世上的種種真實關係等等，那麼人類歷史的發展絕對會有完全不同的面貌。

OK！三種最成功的幸福策略，現在我們應該已經都談過了，是吧？

是的，至少做了大略的描述。

所以說，如果我越留心於：（一）利用各種感官去享受當下，（二）積極主動地尋求自我實現，（三）把人生奉獻在某件更重要的事情上，我就會更幸福嗎？

這樣至少可以讓妳更有機會去過充實、幸福的人生。只不過，妳的幸福當然不是單純只取決於妳！約翰‧藍儂（John Lennon）曾把這樣的情況化為美妙的歌詞，他在最後一張錄音室專輯《雙重幻想》（*Double Fantasy*）裡唱到：「人生就是在你忙著計畫其他事情時發生在你身上的那些事。」

哇，真是充滿智慧的一句話！

但是很可惜，藍儂本人以悲慘的方式應證了他的歌詞。他原本想要靠這張專輯重新在樂壇上大放異彩，他本人對此也十分樂觀。萬萬沒有料到，在發行這張專輯過了才短短三週後，他居然就在紐約的寓所前被一位精神錯亂的前粉絲槍殺。

所以，我們是否做得成所計畫的事情，並非只取決於我們自己……

是的，這當中還得取決於許許多多的偶然，例如取決於我們所遇到或沒遇到的人、取決於面臨的社經基本條件等等。妳不妨仔細想想，一個人出生在什麼樣的社會或什麼樣的家庭有多重要。

說得也是。一個人如果是在很糟糕的環境裡長大，像是在極度貧困或是動輒發生家暴的原生家庭裡，的確是不太容易有好機會過個幸福的人生。

情況確實如此。不過，我們的幸福也並非全是由這些外在因素所決定。我們每個人各自帶著不同的生物條件展開自己的人生。有些人格外具有才華、漂亮、聰明、富有同情心，另有一些人則不具備這樣的特質——這大半都得歸因於遺傳信息的隨機排列。有些人面對任何狀況都能保持鎮靜，即使是最苦澀的失敗他們也承受得起，有些人則是天生就被憂鬱傾向所困，就算遭逢了再微小的打擊，也會喪失重新再站起來的力氣。我想說的是：想要過得「幸福」，我們其實也得要有點「幸運」！

你的意思是，人生其實就像某種「抽獎遊戲」？這也未免太不公

平了！

我也希望自己能有所不同，但事實就是如此，人生本來就是不公平的！對此並不存在什麼合理的懷疑。問題只是，我們如何在不去懷疑這個事實的情況下因應它……

「**他的人生，像鐘擺一樣，來回擺動於痛苦和無聊之間，這兩者事實上正是它最終的成分。**」這個描述人生、令人感傷的句子，是出自於可說是哲學史上牢騷發得最妙的大師，亞瑟‧叔本華。在叔本華看來，幸福是種空洞的幻象，因為人生主要是由「苦難」所構成。我們雖然可能暫時從痛苦與困難中解脫，但絕對無法長久，因為新的困難或（在無憂無慮的情況下）要命的無聊很快就會再度出現。所以，每個人的人生都是一段苦難史，都是「一連串大大小小的事故」。

叔本華總是用令人印象深刻的灰暗色調描繪他對事物的負面看法，沒有哪位哲學家像他這麼興致勃勃地用言語表達出生存的百無聊賴。他在自己的傑作《作為意志和表象的世界》（*Die Welt als Wille und Vorstellung*）裡寫到：「在大多數人身上所流過的生命，從外部觀察，是如此地不知所云、毫無意義；從內心感受，是如此地昏昏沉沉、不知不覺，簡直是令人難以置信。它是種沉悶的渴望與折磨，是種伴隨著一系列微不足道的想法、穿越四個人生階段走向死亡、夢一般的蹣跚。」

叔本華對於世上無可避免的苦難所發出的悲嘆，深受他早期認識古印度哲學的影響。早在西元前五世紀時，釋迦牟尼（也就是「佛陀」）便已將生命與苦難等同起來，並且尋求脫離「輪迴

轉世」的方法。如同釋迦牟尼與叔本華，精神分析的創始人佛洛伊德，對於人類獲得的幸福能力，也抱持著格外悲觀的態度。

在前面提過的《文明及其不滿》一書中，佛洛伊德表示：「『創世』的計畫裡並未包含『人類該是幸福的』這種意向。」在文明的過程中，人類雖然建立了更大的生命安全性，卻也因此強烈地剝奪了幸福感。因為，「滿足狂野的、不受自我拘束的本能衝動所帶來的幸福感，遠比餵飽被馴服的驅力來得濃烈。」

奧地利心理學家保羅·瓦茲拉威克（Paul Watzlawick，1921～2007）的長銷名著乍看之下顯得十分悲觀。在《不幸福人生指南》（*Anleitung zum Unglucklichsein*）一書裡，他提供一堆好點子，告訴大家如何才能扎實地把自己的人生搞到難以承受。在心理學的文獻裡，鮮少有像《不幸福人生指南》如此黑色幽默的好書。那些能幫我們把人生弄得更加沉重的聰明策略，全都帶有一種悲喜劇的調性，幾乎沒有其他人能像瓦茲拉威克那樣，如此絕妙地演繹出發人深省的樂章。

有別於瓦茲拉威克的《不幸福人生指南》深具療癒性（一個人若是讀過那些不幸福的招數，就不會再輕易落入同樣的情況中），一個深陷憂鬱的人，最好勸他別去閱讀叔本華的作品。雖然叔本華的作品同樣具有幽默的一面，就這點來說，我們也可以把這位「哲學悲觀主義」的偉大修辭家譽為「黑色幽默」大師。是的，我們甚至可以相當有把握地說，就連這位陰鬱到無可救藥的傢伙，他的嘴角偶爾也會泛起一抹惡作劇的微笑，尤其是當他針對人類生存的淒涼，寫出了什麼特別惡毒的句子時。

我們該為自己的成就
感到驕傲嗎？

你之前曾經說過，對於我們是什麼與我們達成了什麼，基本上全得歸功於偶然。如果真是這樣，我們到底還能不能為自己的成就感到驕傲呢？

我們是「可以」這麼做，就像經常會看有許多人因為自己的成就而趾高氣揚。只不過在我看來，我們其實不「應該」這麼做。理由有兩個：一是因為驕傲是基於對事實的錯誤詮釋，二是因為驕傲會奪走我們獲得幸福人生的機會。

請說白話好嗎！

我們先來看看「驕傲」到底是什麼意思。如果有個人對於他自己「是」什麼或「達成」了什麼感到驕傲，這會是某種強烈的內在滿足感的表達，是相當正面的。不過「驕傲」遠遠不只如此，它其實是奠基在對滿足感成因的特殊詮釋，說得更明白一點就是，我們會把成因完全歸給我們自己，而非其他力量！但這種詮釋卻是錯的，因為每個令我們突出的特質，其實都是無數因果關係的結果，它們有部分早在發展出我們引以為傲的自我之前就已經出現。

能不能舉例說明？我還是不太懂你想表達的到底是什麼……

就讓我們以「美貌」為例好了！許多人都對自己俊美的外表感到驕傲，於是便自以為在相貌上高人一等。如果只是對自己的外貌感到滿意倒也還好，但如果是感到「驕傲」的話，

就沒什麼道理了！因為說到底，「美貌」其實只是精子與卵子結合時，遺傳特徵偶然組成的產物，當時這個「驕傲的自我」根本就還不存在。若是不巧是另一隻精蟲捷足先登，一位高顏值的女神或許就會變成臉部不對稱的鐘樓怪人，這時可能就沒人會覺得這個人特別具有吸引力。換句話說，為自己的美貌感到驕傲，可說是相當可笑的一件事，因為沒有人能在出生前就先喬好自己的遺傳信息。

OK，「對自己的外貌得意洋洋」是件蠢事，聽起來頗有道理，但其他的事情呢？例如，我對數學下了不少苦功，後來得到了好成績，在這種情況下，我應該完全有理由感到驕傲吧？

在這種情況下，妳完全有理由對自己和成績感到「滿意」。

至於「驕傲」嘛……事實上，就連取得智能成就的能力，有一大部分也是依靠精子與卵子結合時遺傳特徵的偶然組成！有許許多多的人，就算他們再怎麼努力，也永遠無法理解某些較為複雜的數學問題，因為他們並不具備較高的數學秉賦。

另有一些人，得力於自己的基因天資，輕易地就能解開極為複雜的數學難題。然而，試問，他們對此有什麼好「驕傲」的？在成就他們的數學能力的先決條件前，他們的「自我」根本就還不存在啊！

說得也是。不過，我之所以舉數學當例子，並不是沒有原因！你也知道我不是什麼數學天才，如果想取得好成績就得非常努力。既然如此，當我好不容易取得了好成績，為何我還不能感到「驕傲」呢？畢竟，這時「優良的基因」對我的好成績貢獻比較少，貢獻最多的是我個人的努力啊！

不只智力，就連一個人的志氣，同樣也深受遺傳因素所影響。有些人從小就雄心勃勃，另有一些人則是懶懶散散。我當然不會把這一切全都歸因於遺傳因素，因為一個人所處的生活環境具有同樣的重要性！相較於始終在承受挫敗的經驗，只學到「努力一點也不值得」，如果一個人可以獲得更多「努力是值得的」的經驗，他就會顯示出更強的企圖心。

你想說的是，我現在是要努力用功，還是跟朋友出去玩，這樣的決定是取決於基因及我的學習經驗嗎？不過，如果是這樣，那麼我的「自由意志」呢?! 畢竟決定是我做的，難道不是嗎？

妳所理解的「自由意志」是什麼呢？

哇，這題好難！我不是很清楚該如何表達……

或許妳可以試著說說看，如果要讓「自由意志」得以舒展，意志得要「從哪」獲得「自由」，也就是不受「什麼」的拘束呢？

自由意志應該不受「什麼」的拘束嗎？嗯，應該要不受決定它的任何原因所拘束。

可是就我們所知，宇宙中的所有現象都會歸因於某些自然的原因。如果我們在宇宙中觀察到某種並非出於任何自然原因所發生的結果，就得把它「譽」為「奇蹟」，這裡頭顯然有什麼「蹊蹺」。這種事我們無法在宇宙中確定！

這會讓妳所定義的「自由意志」變得有點神秘不可解，變成每個「自由的意志決定」都是一種「無法解釋的奇蹟」，換言之，是個「沒有任何自然原因的結果」嗎？

不，仔細想想，我要修正一下對「自由意志」的定義。嗯，當某個意志不受其他事物所支配，只是受它自己本身所支配，這時它

就是「自由的」。這樣你覺得怎樣？

聽起來是不錯。但這個定義會導致另一個問題，這下子我們得問：這個「自己本身」是受什麼所支配？還是說，這個「本身」又是一個「無法解釋的奇蹟」，脫離一切自然原因而存在？

當然不是，因為如果我這麼說，你肯定就會回答，我們本身是一個遺傳因素與學習經驗的產物，不是嗎？

沒錯，因為脫離了遺傳因素與學習經驗就不會有我們自己！甚至連「到底」有沒有「自己」也都會成問題——就我們確信其存在的其他事物的存在而言是如此。

你說的到底是什麼意思?!

「自己」和「本身」並不像一隻手或一隻腳那樣，可以確實在某處找到它們。「自己」和「本身」並不實際存在於「這個世界」裡，只存在於我們意識裡的「虛擬宇宙」！雖然我們覺得，「我們自己」做出了人生中的種種決定，而且在過程中「我們自己」還能隨意使喚大腦。然而實際上，情況卻正好相反，「自己」其實是大腦虛構出來，讓我們可藉以應付這個世界，根本就不是真正存在。如果仔細觀察一下，我們稱之為「我」的東西，其實只是腦袋這個長得像花椰菜的器官所編織出的一套虛擬劇本裡的虛擬人物。

好，算你贏了，我也不想再去想什麼定義！你怎麼能說「我」根本就不存在呢？如果有什麼事物的存在是我完全確定的，當然就是我是「我」，以及「我」做出了自己的決定，才不是大腦！

我能理解妳不容易接受這樣的觀念，而且我敢肯定妳絕對不孤單！「自我意識」之謎的根本問題在於，我們的大腦營造

出了一個非常具有說服力的「內在實際」，一般來說，我們根本不會把它看成是「虛擬」的，因為「我們自己就是這個虛擬的一部分」。

如果我們根本不會把這套虛擬看成是虛擬，我們到底如何得知那是一套虛擬呢？

當我們開始在大腦工作時從外部進行觀察，就得到了這樣的知識。雖然至今為止，人類離理解大腦的整體運作還有一段距離，不過在過去數十年裡，大腦研究倒也取得了不小的進展，因此我們對於「自我」是由大腦所製造與控制這件事，可說是沒什麼懷疑了。

那些讓我們得以被稱為「人」的東西、我們的想法和感受，都是取決於神經元的傳導過程，而這一切都是在我們不知不覺中進行著。目前在這方面有許多十分引人入勝的研究成果，我印象最深刻的是「笑得難以置信的K女士」這個案例。神經科學家安東尼奧‧達馬西奧（Antonio Damasio），曾在他的著作《尋找斯賓諾莎》（*Looking for Spinoza*）中描述過，我有跟妳講過嗎？

我只記得有在電影看過「縮小得難以置信的K女士」，沒聽過什麼「笑得難以置信的K女士」……

「笑得難以置信的K女士」並不是科幻小說，而是神經學方面的實際案例。這位K女士，由於發生神經方面的問題，不得不接受檢查。為了找出到底該如何幫助她，醫師們用微弱的電脈衝去刺激她大腦左前額葉的一個區域，受到刺激的K女士居然大笑了起來。她笑得如此真情流露，還感染了在場的醫師們。當醫師們停止了局部的腦部刺激，K女士也停

止大笑；當他們又重啟刺激，K 女士則又開始拍著自己的大腿哈哈大笑起來。

真有意思！

好戲還在後頭！雖然施予大腦的電脈衝刺激和發笑之間的關係是如此地明顯，K 女士卻認為，自己之所以笑得如此開心是有其他原因。

她認為在大腦受到刺激的當下，只要她恰好專心看著某個人或物，就是會很想大笑。如果別人給她看一張馬的圖片，她就覺得那匹馬好笑，如果看到的是醫師，就變成醫師讓她想笑。有一次當她被問到，為何她又再次發笑時，K 女士是這麼回答：「喔，你們這些人簡直太好笑了……居然這樣子排排站在那裡！」

太誇張了啦！但 K 女士應該還是曉得，她之所以發笑，只是因為那些醫師在惡搞她的腦袋。

從那些觀察 K 女士大腦的人的角度看來，這是理所當然的，然而，K 女士的大腦所創造出的「內在現實」（inner reality）裡，情況則完全不同。妳的大腦同樣也不會告訴妳，感到幸福是因為大腦的 X 區被刺激，或感到不幸是因為 Y 區的神經元大量活躍。這種內部過程完全會「藏」起來，不讓妳意識到，取而代之的是，它們會製造主觀的感受性，並以妳的生活經驗為背景產生出意義。

如果醫師以類似 K 女士所受的方式去刺激妳的大腦，妳應該也會捧腹大笑。而且妳同樣也會認為，自己之所以笑得那麼開心，只是因為醫師真的長得太爆笑了。妳在主觀上並不會感覺到，妳的笑其實只是由於左前額葉受到電脈衝的刺

激，因為妳的大腦虛擬了一個內在的實際，而大腦根本沒有出現在那個實際裡。

哇塞，這真的超奇怪，而且聽起來很嚇人！

為什麼？

因為，這聽起來就像……我們只是被大腦所操縱的木偶！這不就表示，我是要用功還是去參加派對，並不是由「我」自己決定，而是我腦袋某個部分做的？

呃，我是不會這麼說啦，畢竟「自我」和「大腦」之間並沒有什麼矛盾。準確說來：是「妳」做了這些決定，因為身為身體中央控制單位的「妳的大腦」做成了這些決定。

耶，真是太好了！

還有什麼問題嗎？

也許我比較想要做一個並非取決於「我的大腦」的決定！

那妳能夠從中獲得什麼呢？如果確實能夠做些「不依靠大腦」的決定，這會帶給妳什麼好處呢？所有妳在人生中獲取的經驗，都儲存在大腦裡。「妳的大腦」或是「妳」，都是根據這些人生的經驗，來做出「它的」或是「妳的」種種決定。如果妳的人生經驗告訴「妳」或是「妳的大腦」，現在去用功讀書會比較好，那妳就會去用功讀書，不然妳就會去參加派對，或者是在這兩種可能之間找到折衷方案。

無論妳的決定是什麼，那一定是妳的大腦基於所擁有的資訊，在那個當下認為最好的判斷。

所以說，我完全沒有選擇的餘地囉？

妳所說的是什麼意思？

就是說，在某個瞬間裡，我無法再去選擇另一個選項，是嗎？

是的，妳就是在「那個」當下選擇了，在妳或妳的大腦看來就是比較有利或比較無害的選項。

也就是說，如果我過去曾經做過什麼愚蠢的決定，我在那個當下其實也不可能做出別的決定，是嗎？

是的，如果妳的大腦擁有別的資訊，那麼妳必然會做出不一樣的決定。也許另一個決定會更好，但在妳做出決定的當下並不曉得這一點，因為大腦裡的資訊處理過程得出了別的結果。

在做了錯誤的決定之後，妳或許會變得比較聰明一點，大腦從不好的經驗中學到了教訓。如果再次遇到類似的情況，妳或許就會做出不一樣的決定，因為妳的大腦處在不一樣的神經元狀態。不過重要的是，「在同一瞬間裡」，妳無法既決定 A 又決定 B，因為這必須以妳同時具有兩種不一樣的大腦狀態為前提，但這基本上是不可能的！

你剛剛說的完全顛覆了我們對人類的想像！我們不都認為，我們所做的決定是自由的，並不是取決於根本無法看透的某些「原因」。

OK，也許我們在這個地方應該更根本地談一談「自由」這個主題。妳所理解的「自由」到底是什麼？妳想從什麼獲得「自由」，換句話說，妳想免於什麼的拘束呢？

我想免於什麼的拘束嗎？我想擺脫所有限制我的方式。

所以說妳想從，擺脫「妨礙妳做想做的事情」的各種強迫中獲得自由囉。

對，正是！

不過，妳聽妳想聽的音樂，這並不會限制妳的自由吧。

是啊，這怎麼會限制我呢？

但是妳會聽這些音樂，而不是別的音樂，一定有什麼原因吧！如果妳是出生在另一個文化中，很有可能會喜歡類型完全不同的音樂。

是有可能，但這並不會造成我的困擾。我就是喜歡「我現在」喜歡的音樂，而不是什麼「我如果在別的地方長大」或許就會喜歡的音樂，我覺得完全沒有問題。

OK！從妳剛才所說的話，可以得出對於這個主題來說相當重要的一件事，那就是：在談論所謂的「自由」時，我們所認為的「自由」其實是「免於遭受強迫」，而非「沒有原因的自由」。

事實上，也沒有人會為了「我之所以喜歡○○、不喜歡××，這其實是有原因的」這種情況感到困擾。不過，若是因為某些壓力讓我們無法去做想做的事，我們倒是會為這種情況所苦。

沒錯。

所以我們需要一顆能夠克服那些「強迫」的大腦，而盡可能做好這項工作，正是大腦在做的事。如果我們的大腦完全脫離所有的原因，譬如只是根據隨機的原則來做出各種決定，我們會怎麼樣呢？

呃……有這樣的大腦，我們恐怕不會有什麼前途。

是的，因為唯有根據因果原則運作的大腦才有學習能力。如果大腦對於外來的刺激無感，也就是不會被外來的因素所改變，我們將無法好好生存在這個世上。大腦所做的每個決定，都能歸因於無數的學習經驗，就連是要參加派對、還是

要用功念數學這麼「簡單」的決定，妳的大腦也是要經過非常大量的運算。

大腦會把妳的種種經驗列入考量，其中包括妳過去在派對上和他人的互動經驗、對派對的整體經驗、對考試的經驗、對出題老師的考卷難易度經驗等等。以此為基礎，妳的大腦會去預測某個選項可能有的好處或壞處，接著「妳」（或是「妳的大腦」）就會根據它們做出決定。

只是我對大腦的運算過程根本沒什麼知覺，對嗎？

對，在妳的「意識螢幕」上只會顯示出，部分關於妳應該做這個決定的理由。這樣其實也挺好的，因為我們意識的「記憶體」，比起大腦裡進行的無意識思考運算的「記憶體」要小很多。我們頂多只能以每秒五十位元的速度「有意識地」處理資訊，然而光是我們的雙眼，每秒就會傳送高達約一千萬位元、必須透過神經元處理的資訊！

如果大腦把所有的運算過程都轉換到意識裡，人類「有意識的自我」恐怕就會因為大量的資料而「當機」，就好比一部電腦同時開啟成千上萬個程式。

現在我稍微明白你要說什麼了。雖然我們自以為能在一瞬間就做出決定，但這其實只是因為根本就沒有意識到，我們之所以想要我們所想要的，裡頭其實摻雜了許多因素。我說得對嗎？

完全正確！即使我們自認能夠隨心所欲想要自己所要的一切，實際上，基於個人的天賦與經驗，我們「只能」想要那個當下我們「不得不想要」的事物。這也代表在人生中的任何時間點，我們也「不可能」比那個時間點當下更聰明、更有智慧、更慈愛、更具吸引力或更成功。

所以我們也沒有理由感到驕傲是嗎？

沒錯！我們可以對自己的成就感到滿意，但是把這項成功歸因於「自我」就很荒謬了。因為那個「自我」並不獨立於世界而存在，它只是大腦虛擬出來的。「自我」也只是數不清的眾多因素剛好交織出來的結果，只要在環境條件裡稍加改變，就足以讓「自我」變得截然不同。

OK，我現在比較能夠理解，為何你會認為驕傲是奠基於對事實的錯誤詮釋。不過，你一開始也說過，驕傲會阻礙一個人去經營幸福的人生，為什麼呢？

理由有很多。首先，人們所引以為傲的每種特質，有朝一日一定都會消失。並非只有美貌，就連發達的運動細胞或過人的聰明才智，也都只是暫時的。一個人若是以這樣的特質為傲，在失去這些特質時，比起那些把擁有這些特質歸因於幸運巧合的人，肯定會難過得多。

好，這點我能理解。

第二，驕傲有個非常醜陋的反面，它會讓一個人付出巨大的心理代價。因為，一個人若是把自己的成功統統都歸功給「自由的自我」，在失敗時他也必須將失敗統統歸咎於自己！這會造成極具毀滅性的自卑感與罪惡感，有時一個人得終生糾結在這樣的心理負擔中。如果我們放棄這樣的想法，不把成功和失敗歸因於那個自以為重要的自我，就能省去這樣的心理成本。這樣做對我來說是滿有幫助的。

你該不會想要說，你對自己是一直成功、還是一路失敗都無所謂？

當然不是。當我無法達成非常渴望的目標時，當然會感到不

滿。可是，跟過去還沒理解這件事的我相比，如今我不會再為了失敗而譴責自己，因為我知道就算重來一遍，我根本也無法做得比當時更好！

我現在比較能原諒自己的過錯，是因為我認為，「我根本沒有能力不去犯我所犯的錯」。這項認知代表一個巨大的心理救贖，如果我們不再那麼牢牢地緊抓著自我不放，就能活得輕鬆不少。

所以你以前不像現在這麼輕鬆嗎？

是啊！我以前一直在擔心，說這句話、做那件事能不能獲得他人的好評。如果我做不好甚至搞砸了事情，就會覺得非常羞恥難堪。

自從我明白，我「只能是」我基於人生經歷「必然成為」的那個人，我就跟自己和解了。我個人的「心靈安康公式」就是：一個人若能鬆開他的自我，就能培養出一個更輕鬆的自我。

聽起來很有道理。如果一個人太過依戀自我，他可能會適得其反，對不對？

的確如此。一個人如果一直在意他那個「好棒棒的自我」是否獲得「應得」的關注，他就會處在一股持續的心理壓力之中。他得不斷向自己和別人證明，他到底有多了不起。這只有在極少數的情況下，才可能是好事一樁。

我們每個人都必然會遭逢失敗，一個人若是把自己看得太重，就很難去面對這樣的情況。

這樣的說法讓人聽了會認為你是個「膽小鬼」，只想渾渾噩噩過一生。但事實上，你總是在進行各種計畫和工作。我記得你幾乎

沒有一天不工作的，就算在度假，你也經常手不釋卷，有時還會針對讀過的文章寫筆記或短評。請問，這兩種情況要怎樣才兜得起來？

內在的平靜與外在的忙碌，這兩者之間並不會有什麼矛盾，因為它們其中一個是涉及到我在「做」些什麼，另一個則是涉及到我如何「詮釋」我的行為。我以前做很多事情的動機，都只是想證明給自己和外界看，我有多麼「了不起」。我現在的動機則是覺得那些事情很有意義，或是它們能帶給我樂趣。

我當然還是一直試著讓自己有好表現。只不過，如果有事情做得特別成功，我不會再認為自己非常了不起，如果失敗了，我也不會去懷疑自己。

以截然不同的態度去看待我自己和我的所作所為，是非常療癒的！然而，這種自我認知的差異卻很難讓外人明白。

我能想像！應該有很多人對你的看法完全不一樣，他們八成認為你是個愛出風頭、自以為是的傢伙……

當然！但我也很能理解，因為他們無法知道身為「我」這個人是什麼樣的感覺，正如我也無法知道身為「其他的人」是什麼樣的感覺。不過我倒是知道，自從我明白，這個「我」早就不像從前那麼重要，我看待自己的方式已經輕鬆很多。

人無法從外部去估量身為另一個人是什麼樣的感覺，這個我們在最初的對話中談過了。可是，每個人不都會對外發送出一些信號，幫助我們去猜測身為另一個人是什麼樣的感覺嗎？以你為例子好了，我就注意到每次有人「攻擊」你時，你的反應都是異常輕鬆。這難道也和你對「驕傲」的態度有關嗎？

當然！畢竟我曉得，並非只有我必須在給定的條件下來當現在的「我」，其他的人同樣也只能當他們必須當的那個人。正如我無法避免犯下過去所犯的那些錯，他們也無法避免犯下他們過去所犯的那些錯。我在這當中看到了應該要寬容的理由，因為一個人如果學會原諒自己，他也會比較能夠去原諒別人。

但這並不代表別人所犯的錯你完全都無所謂吧？

是的。當然還是會有某些行為就客觀而言是不妥適，而且該盡可能避免的，若有必要，其他人也該清楚明白地出言制止。只不過，批評某個特別的行為並不代表，我們得要假定別人在犯錯的那一刻其實能做出別的選擇，因為這是不可能的事。

所以當我們在評斷別人時應該要自我節制。就算某個行為真的很值得批判，我們也沒有理由驕傲自大！因為，如果我們身處於其他行為者所面臨的相同因素中，我們或許也會做出同樣的事情。

你說這話是認真的嗎？

當然！我清楚記得，我以前是如何憑著一股難以想像的道德憤慨與鄙視，去批判納粹統治下的一切所作所為。當時我的出發點當然是：「我」屬於「正義」的一方，要和「惡勢力」來對抗。然而我現在已經明白，在納粹獨裁的時空條件下，今天我所認同的這個「我」或許根本不會存在，甚至還有可能是個特別心狠手辣的納粹爪牙！

所以，我們根本沒有任何理由在道德上自傲，自以為言行比別人更好！就算有很好的理由對犯罪行為做道德批判，我們

也不該誤以為自己在道德上就超越那些犯罪者。因為，在某些情況下，我們自己也可能會落入被譴責的「那一邊」。

但你還是贊成批判希特勒及其黨羽的所作所為吧？

當然啊，這是什麼鬼問題！「理解」人們為何會做出某些可怕的事，完全不代表他們就能「合理化」自己的所作所為！即使行為者無法做出不同的行為，我們當然還是必須對抗不對的事。不過，我們不該混淆「正義」與「自以為是」！

如果我沒有理解錯的話，「自以為是」是我們對現實做出錯誤詮釋的結果。我們之所以認為自己比較好，是因為相信自己是出於「自由意志」成為一個優秀、高尚、成功的人。至於那些比不上我們的人，則是出於他們的「自由意志」而做人失敗或是選擇去為非作歹。

妳確實有抓到重點。我一直相信，如果我們能夠揚棄這種自我高估的傲慢傾向，人與人之間就能更公平、更友善地相處。以這點來說，我甚至破例贊成天主教教會的學說！

在天主教的傳統裡，「驕傲」被列為「七宗罪」之一。當然，我自己絕不會說這是一種「死罪」，但這背後所隱含的想法在我看來卻是對的，也就是「驕傲」帶給我們的不幸遠多於幸福。一個人如果獲得了重大的成功，他完全有理由感到高興，但是也不應該因此感到自負。成功其實只代表這個人幸運在「人生樂透」中大獎，而其他的人則是手氣比較差。一個人如果會因為這樣的事情而感到驕傲，其實是對人生不夠了解。

OK，讓我們暫時先結束這個話題。我不知道你是怎麼想的，但我覺得今天的對話特別累人！可能是因為你一下子推翻了我和大

多數人賴以生存的核心想法……雖然你的說法聽起來真的很有說服力，但我還是有點難以「苟同」！

我需要幾天的時間，好好消化一下對這個主題的想法，到時候也許比較能說出到底是哪裡讓我感到困惑。就算我做不到，至少現在我也有一個好藉口：我永遠無法比當下的我更聰明！

「**我們的行為是受到『人類在其思想、感覺及作為中並不自由，而是如同星宿在其運動中一樣受到因果關係所拘束』這種永遠鮮活的意識所支撐。**」世界大概沒有人能比說出這段話的人，更能以革命性的發現來改變我們對於「星宿在其運動中」的認識，這個人就是愛因斯坦（Albert Einstein，1879～1955）。

有別於叔本華，在人類缺乏意志自由中見到了「人類存在的無望」的另一項證據，愛因斯坦則在這當中看到了寬容與幽默的「永不枯竭的泉源」。在他的〈我如何看世界〉（*Wie ich die Welt sehe*）這篇短文中，這位偉大的物理學家對自己的人生哲學是這麼寫的：「叔本華說：『人類雖然能夠做自己想要的，但卻無法想要自己想要的。』打從我年少時起，這句話就一直縈繞在我心中，當我面臨人生困境時，一直是我的慰藉，一道永不枯竭的寬容泉源。這樣的覺悟以舒緩的方式減輕了些微麻痺的責任感，讓我們不把自己和別人看得太重；這也造就了某種特別幽默的生活態度。」

或許，愛因斯坦對於「不自由的意志」充滿幽默感的詮釋，就跟他的相對論一樣也只有少數人才能理解。不過，他基本上只是重提荷蘭哲學家史賓諾莎（Baruch de Spinoza）早在十七世紀

就已表達過的思想。史賓諾莎的《倫理學》（*Ethica*）一書中（此書論證之精確至今仍令人讚嘆），解釋了人類之所以相信自己是自由的，無非是「因為他們知道自己的行為，但對於決定行為的原因卻一無所知」。他的結論十分清楚：「如果一個人相信，自己的言行舉止是根據心靈的自由決定，他就是在睜著眼睛作夢！」

史賓諾莎認為，一個人如果處於這樣的想像之下，在面臨成功或失敗時，就會有過度自抬身價或自我貶抑的傾向，最終結果就是傲慢（驕傲）或怯懦（消沉），這兩種被稱為「對自己最大的無知」的跡象。它們會在社會中引起嫉妒與惡行，造成極大的損害。唯有透過洞悉自然的因果關係，人類才能擺脫這種有害的影響，在自由中度過滿足、快樂、適宜的人生。

史賓諾莎十分清醒地將「自由」理解成，如果沒有了會在人類身上造成「不快樂的拘束」。至於「不受自然原因所限的自由」這種意義下的「意志自由」，他則認為，無論是人類的精神或是「上帝」（他的上帝是指「整個自然」），都不具有這樣的自由。

當時的宗教領袖當然是一點也不樂見這種言論。在一六五六年，當時史賓諾莎才二十三歲，阿姆斯特丹的猶太族群便下令將他驅逐，拉比們禁止信徒和他有任何書面或口頭的接觸。就連荷蘭的教會也沒閒著，在一六七四年下令禁止史賓諾莎匿名發表的宗教批判名著《神學政治論》（*Tractatus Theologico-Politicus*）。不久之後，史賓諾莎的所有著作全部登上了天主教會的禁書黑名單，即使到了二十世紀，在受過良好教育的宗教圈裡，依然難以消弭他們對史賓諾莎的恨。像是篤信天主教、頗具影響力的法學大師卡爾・施密特（Carl Schmitt，他在納粹專制統治下的所作所

為，讓他贏得「第三帝國御用法學者」這個不光彩的封號）就認為，史賓諾莎的《倫理學》是「對上帝與人類有過的最大膽的侮辱」。

史賓諾莎的哲學之所以會讓許多人難以忍受，原因就在於駁斥了西方文化的基本假設，那就是「身體與心靈的分離」——包括基督教「死後的生命」等概念，都是以此為基礎。有別於笛卡爾（René Descartes，1596～1650）或康德，史賓諾莎認為，心理（我們的思想、感覺和需求）與生理（身體裡的種種過程）是同一個自然過程的不同表現形式，也因此人們將他的哲學稱為「一元論」，與西方傳統的「二元論」哲學（奠基於心與物分離的原則上）相對立。

隨著大腦研究的日益深入，在二十世紀最後的三十年裡，人們取得了越來越多支持史賓諾莎「一元論」的證據。這也就是當代著名的神經科學家安東尼奧・達馬西奧，會想以探討史賓諾莎為重心來寫書的原因了！

在所有哲學家當中，最佩服史賓諾莎的愛因斯坦曾經表示，史賓諾莎的思想之所以未能獲得普遍認同，無非是因為它不僅要求世人接受這種思想的後果，更要世人具備不尋常的真誠、堅毅與謙遜。乍聽之下，我們或許會覺得愛因斯坦是不是認為自己具備了「不尋常的真誠、堅毅與謙遜」？不過，愛因斯坦肯定一點也不認為自己能夠完全理解史賓諾莎的論點。因為他很清楚，唯有一點也不認為自己能夠理解史賓諾莎的人，才能夠理解史賓諾莎。人怎麼可能對於「驕傲是『對自己最大的無知』」這樣的認識感到驕傲呢？

愛因斯坦同樣也認為，偏偏就是他自己獲得了許許多多「欽

敬與讚揚」，這簡直是種「命運的諷刺」。隨著名聲日益高漲，他眨著眼感嘆自己「越來越笨」，但這卻是一種「完全尋常的現象」。他表示：「一個人的真實面貌和他人所以為的面貌之間，存在著極大的誤解。我們必須幽默以對。」就連史賓諾莎，恐怕也無法說得更中肯。

我們能夠改變自己
到什麼程度？

我後來有 Google 一下「自由意志」、「罪過」或「責任」的概念，還去翻閱了幾本討論這些主題的書。現在我比較知道，你之前的說明到底哪裡讓我困惑了。就像你說的，當我們只能去做那些在給定的條件下，我們必須去做的事，那麼沒有人需要為自己的所作所為負責啦！如果我們不再需要對自己的所作所為抱有責任感或罪惡感，那麼也就沒有理由要去改變自己的行為了吧？我在想，如果一切都是由「原因」決定好的，我們到底能在多大程度上改變自我……

　　哇，一次丟出了這麼多的問題！讓我們先從罪過與責任的問題開始，好嗎？這裡我們應該將「客觀的責任概念」與「主觀的罪過想法」做個區別。

這是要怎麼區別？

　　讓我舉個例子來解釋給妳聽。如果妳喝茫了還開車，這在客觀上是不負責任的，因為危害到了其他人的合法利益。如果妳被警察逮個正著，甚至是造成交通事故，妳就會被追究責任，因為妳必須為自己客觀的錯誤行為負責，而這也是好的！

OK。但是「負責」與「罪過」到底哪裡不一樣？

　　「罪過」這個概念，除了客觀的錯誤行為以外，又加了一項主觀的假設，也就是假定，在妳喝酒的當下，或許是可以決

定不這麼做的。然而，就像我們之前討論過的，這是不可能的！畢竟，妳的決定是以當下的大腦狀態為基礎，而在同一個時點，妳其實不可能擁有第二個、第三個可替代的大腦狀態。

因此，我們應該拋棄「主觀的罪過」這個概念，而是應該專注於，一個行為在客觀上該不該負責。

可是，如果一個人根本沒有辦法做出不同於自己行為的行為，我們怎麼能夠去譴責這個人呢?! 這難道不會很不公平嗎？

妳覺得很不公平，這點我完全可以理解。令人遺憾的是，即使是最好的判決，也無法消弭人生這些最根本的不公。一個人如果幸運中了「人生樂透」，就永遠不會出現在被告席上，相反地，有些人則是從少年時期就踏上犯罪的不歸路。在法庭上，是不可能針對這一點獲得任何彌補，人們只能想辦法先取得一些比較好的原始條件！

可是問題還是存在啊！如果我們知道，沒有一個罪犯能夠不做他們不得不做的事，我們終究得放棄譴責他們不是嗎？

不，因為這將會有何後果呢？如果我們再也不必為諸如詐欺、竊盜、搶劫、勒索、謀殺或「只是」酒駕等不受歡迎的行為付出任何代價，那麼這些行為只更加層出不窮。判決正是要阻止這樣的情況！

司法的任務並非創造「普世正義」，因為如果要接近這樣的理想，我們需要的不只是司法，更需要經濟、社會、文化的各種配套措施。法制在這個脈絡下只擔負一項有限的任務，那就是維護社會所達成的共識。為了能夠實現這項功能，法院就必須要能實施制裁——即使從哲學角度來說，在嚴格的

道德意義上，沒有人必須為了自己誤入歧途而受到譴責。

這樣難道不會有被告辯解說：「我很抱歉，但是我對於成為今天這樣的我，以及我的所作所為實在是完全無能為力」？

　　我們當然得要考慮造成某個行為的動機，這樣才能區別例如是謀殺或是誤殺。妳在客觀上是否有違法才是法庭在意的事。如果妳謀殺了一個人，那麼妳在客觀上就是有能力造成這個人現在的死亡。這種「造成這項結果的客觀可能」在司法上才是關鍵，重點並不在於妳「在主觀上無法做出不一樣的行為」。

所以說，我們必須為自己的所作所為負責，就算在行為的當下我們根本沒有任何其他的可能？好吧，我想暫時就先放下這個問題。不過，我的第二個問題並沒得到解答：如果我們不再需要對自己的所作所為抱有責任感或罪惡感，幹嘛還要改變自己的行為呢？

還是說，你認為我們之所以想要改變自己的行為，只是因為我們害怕牢獄之災之類的負面後果？我覺得這樣很泯滅人性耶！我不想要活在一個凶手完全不需要為自己的犯行感到罪惡的社會，他們只是因為不想再坐牢才放棄作惡的。

　　妳說得沒錯，我也不想生活在這樣的社會裡。

但你對「責任原則」的那些說法難道不就是會導向這樣的社會？

　　不會，因為我們必須區別罪惡感與懊悔感。

它們不是一樣的東西嗎？

　　乍看之下的確如此，因為這兩種感覺來自同樣的根源。當我們知道做錯了什麼，並且因而造成了損害，我們就會感到罪惡或懊悔。只不過就跟「驕傲」一樣，「罪惡感」還加上了

一個額外的錯誤歸因。我們誤以為自己有可能做出不同於當時所做的行為，因此才引發了道德上的自我批判。我們以為自己是出於「自由意志」而加害於他人，變成了「可怕的人」。換言之，忽略了我們之所以會成為如今的自己，是由多少因素造成的。矛盾的是，這種罪惡感往往無法促使人們實際改變行為，他們多半只糾結在「如此惡劣的自我」上，卻不去多想為了防止重蹈覆轍，應該要做些什麼改變。

酒鬼就是這種「鬼打牆」模式的典型之一，他們一方面對於酗酒感到罪惡，另一方面卻又繼續酗酒讓自己擺脫這種痛苦的罪惡感。

「懊悔感」難道就沒有這樣的問題嗎？

是的，即使我們清楚知道，自己沒有能力做出不同於當時所做出的行為，也能夠對事情感到懊悔。在這種情況下，我們可以保持頭腦清醒，找出能夠彌補損害的方法。雖然我們無法改變過去，卻可以改變自己，多下點功夫讓我們未來能夠更聰明、更理性和更有愛心。

懊悔感是讓人進步的重要刺激來源，罪惡感卻阻止了這樣的進步，因為它可說是我們對自我的宣戰。

所以說，為了讓我們能夠自我優化，我們需要某種「內心的平靜」，是這樣嗎？

我個人是這麼認為的。畢竟，罪惡感不僅在許多精神疾病的形成上都參了一腳，更會癱瘓我們克服人生危機的力量，消除了罪惡感反倒能讓原本被抑制的力量釋放出來。

我曾這麼說過：一個人如果不再對「自己是自己所身為的這個人」感到罪惡，他就更容易努力去「成為自己能夠成為的

那個人」。

聽起來是很不錯，但我不是很清楚你想表達什麼……

愛因斯坦曾經表示，認識我們的思想及行為的「因果決定性」有很大的好處，因為「這樣的覺悟以舒緩的方式，減輕了些微麻痺的責任感」。罪惡感與對失敗的恐懼會令我們的力量癱瘓，我們會因為自己過去的失敗感到沮喪，害怕在未來重蹈覆轍。然而，如果我們能夠不再「過度看重」自己，就像愛因斯坦所建議的那樣，我們就能鬆開「心理的手煞車」，更大膽、更無懼地行事。

這聽起來或許有點矛盾，但我在過去幾年裡真的有過這樣的親身經歷。要是一個人能不再為自己的成就感到驕傲，將能夠成就更多他自己能引以為傲的成就！

呵呵，這聽起來還滿有意思的！但我還是有一個地方不懂：如果一切都是由原因所決定，我們到底如何才能改變自己呢？這當中難道沒有嚴重的矛盾嗎？我一直想不通這一點！

妳的問題或許是出在，把「我們的思想及行為的因果決定性」與「命定論」的想法給混淆了。我們人類並非機器，無法單純在設定好的時間只做出設定好的事情。如果基因真的預先決定好一生中所發生的一切，我們當然就可以放棄去改變，但實際情況並非如此。我們隨身帶著大腦不是沒有原因的！

大腦的任務在於儲存新的經驗，進而把它們化為我們在每一個當下必須做出的決定的基礎。因此，我們始終在改變，而且不管是否相信「思想及行為的因果決定性」，也完全無法阻止我們的改變。

所以說經過這段對話後，我將不再是從前的那個我了？

是的，我們兩個都一樣，因為大腦會利用我們現在討論的種種資訊，在未來做出最理想的決定。別忘了，我們的大腦總是希望我們能夠獲得最好的！

說到這個，我記得看過一個奇怪的廣告，裡面的男主角替自己和太太點了「第二好的牛排」與「第二好的紅酒」……

啊，我知道這個廣告！

這個廣告之所以讓觀眾們覺得奇怪，是因為它完全違背了我們的直覺。我們其實並不想要「第二好的」東西，而是一直想要「最好的」！當然，第二貴（好）的紅酒有可能會是最好的選擇，讓我們在享樂和有限的荷包之間達成最佳平衡。

但是這並不能改變我們始終在追求「最佳狀態」這個事實。

不過該如何解釋，我們還是經常做出一些愚蠢、對自己沒好處的事情？

即使是最棒的大腦偶爾也會犯錯，做出錯誤的決定。這通常是因為，我們並沒有做出合理決定所不可或缺的所有資訊。

此外，我們的大腦也經常從它所身處的環境得到錯誤資訊，導致我們做出一些不幸的決定。

我朋友戴許納曾說：「腦袋從不是單獨思考。」大腦是種高度依賴從「外部」獲得資訊的「關係器官」。

所以，如果人們從小就被灌輸錯誤或歧視性的資訊，就會造成問題對不對？這讓我想到，那些被恐怖分子訓練成自殺炸彈客的小孩……

沒錯。只有極少數人，能在日後將自己從那些被灌輸的觀念中解放出來。要辦到這一點，就需要來自外界的替代資訊，

只不過很遺憾，大多數的人都不曾被教過要去找這樣的資訊。

如果他們偶然碰上了替代資訊，往往會很直覺地排斥它們，而不會以批判的態度去檢驗。這也就是為什麼會有那麼多的人，從來不曾想到要去質疑自己對於事物的看法。

可是這些人對於自己「阿達瑪孔固力」完全無能為力，對嗎？

沒錯，畢竟他們沒有學過別的思考方式。如果能克服這樣的教條主義，當然還是會比較好，因為教條主義不僅會危害人類的共同生活，更會危害個人的美好人生。畢竟，唯有當這個人很清楚到底還存在哪些可能，他才能做出明智的決定，所以，他還必須能夠對自己的信念採取批判的態度。

他對於驕傲與罪惡感所採取的態度，也是相當重要。因為，一個人若是過度看重自己，將無法把批評視為「禮物」，只會看成是對他的立場及信念的嚴重貶抑。

但批評的確是令人不悅的事情！為什麼應該把它視為「禮物」呢？

因為批評能夠幫助我們擺脫自己的錯誤。伊比鳩魯早就指出，一場爭論裡的「輸家」擁有「更大的收穫」，他們能夠從中學到多少，就會有多少的收穫。不過，只有那些確實想要改進想法的人，才會這麼覺得就是了。

相反地，一個人要是在爭論中聚焦於「驕傲的自我」，他就受到了「就算自己顯然是錯的，自己也非對不可」的詛咒。在這種情況下，他會大大降低自我改變的潛能。畢竟，只有當一個人能夠承認自己確實犯了什麼錯誤，他才能從錯誤中學習。這對「驕傲的自我」來說是極為困難的，因為「驕傲

的自我」誤以為，他對自己的優缺點「負有全部責任」或「背負罪責」。如果以《聖經》的方式來形容，驕傲的人往往看得見別人眼中的刺，卻看不見自己眼中的樑。

好，我能理解當我們想要改變自己，驕傲感和罪惡感會阻止我們。不過，在自問「我們是否『想要』改變自己」之前，或許得先釐清到底能夠改變自己多少。換言之，我們有多大的操作空間？在這方面是否有什麼相關的研究？

呃……我們的改變潛能很難用數據來表示。不過，專家學者從一些關於雙胞胎和收養的案例研究得知，體型差異比智能差異更受制於基因，也就是說，相較於提升妳的體型，妳其實更有能力提升自己的智商。在人格特質方面，改變的空間還更大；至於在世界觀的選擇方面，基因所佔的因素幾乎微不足道。

所以說，我們並非出生沒多久就形成我們的所思所信囉？

是的，智人是種格外具有適應能力或變化能力的物種。我們可以說：人類在基因上被設定成會去適應多變的環境條件。這種適應能力或變化能力，不僅表現在世界各地的人類顯露出的各種特質，更表現在有些人能在人生中達成其他人不相信他們能夠達成的事情。妳有聽過強尼・維斯穆勒（Johnny Weissmuller）嗎？

他是不是曾在黑白片中演過泰山、創造出著名的「泰山吼」的那位老演員？

就是他。維斯穆勒就是一個很好例子，顯示出即使一個人有著完全不利的出身條件，也能擁有一番成就。他小時候非常體弱多病，連醫生都認為他壽命不長，後來有位醫生建議他

不妨多游泳來維持健康。

維斯穆勒接受了這項建議，他勤奮地練習，慢慢變成一個日益精進的游泳健將。到了十七歲的時候，他創下自己的第一個游泳世界紀錄，之後更連續創造五十多個！光是在一九二四年的奧運會上，他就摘下五面金牌。後來他透過飾演泰山，成為舉世聞名的模範運動員。對於當初那個來自貧窮移民家庭，體弱多病的小男孩來說，恐怕沒人會想到他日後能有這樣的成就。

好不可思議！

這也跟威瑪・魯道夫（Wilma Rudolph）的故事一樣令人印象深刻。她從小就因為罹患小兒麻痺而左腿癱瘓，醫生都要她做好終身殘障的心理準備。但年幼的威瑪卻不願意放棄，她同樣認真地訓練自己，到了九歲時，居然出乎醫生的意料，不用再依賴助行支架。十一歲時，即使不穿特殊的矯正鞋，她也能正常行走；十二歲時，她更大膽地向所有鄰家少年挑戰賽跑；十六歲時，她首度入選美國奧運代表隊。到了二十歲時，甚至在一百公尺短跑、兩百公尺短跑與四百公尺接力的比賽中，分別摘下三面奧運金牌，當時還被稱為「世界上跑得最快的女人」。

哇，這太不可思議了！不過這兩個例子都是來自體育界，你能不能舉些其他領域的例子？

當然可以，我有一個對於那些面臨課業問題的人來說，算是相當不錯的例子，那就是：愛迪生（Thomas Edison）。

發明燈泡的那個愛迪生？

事實上，愛迪生前前後後有超過兩千項的發明，那些發明徹

底改變了這個世界的面貌。除了燈泡以外，他和他的團隊也研發出第一個可發揮功能的發電、配電暨儲電系統。愛迪生是收錄與播放人類聲音的第一人，他還借助碳粒式麥克風改進了電話的功能。他也開發出電影攝影機的前身，而且還創立了第一個電影攝影棚，成為電影藝術的先驅之一。

愛迪生，這位或許是人類史上最偉大的發明家，為我們的生活帶來了難以衡量的影響。愛迪生雖然連小學都沒畢業，但他在技術解決方案的創造力和他興趣的多樣性，卻讓許多與他同時期的偉大科學家或工程師折服！小愛迪生當年只讀了幾個月的小學就被老師趕回家，因為老師認為這小子迷迷糊糊、不專心而且很不受教，簡直就是個超級問題學生。

這樣的一個傢伙怎麼會變成人類史上最偉大的發明家？

首先是他媽媽自己在家教了他一些基本知識，讓他具備閱讀、書寫和計算的能力。由於家貧，十一歲的愛迪生就得在火車上當報童賺錢餬口，幸運的是，在火車上他有空檔可以看看書報來自學。當他十六歲被錄取為電報員之後，他依然持續自學。他不僅對電報機械的操作技術下功夫，也深入研究相關的基礎知識，到了二十一歲時就申請了自己的第一項專利，後來他註冊的專利一共多達超過一千五百項。

這個人顯然具有鋼鐵般的堅強意志！

的確如此。愛迪生曾被問到，他究竟為什麼能夠如此成功，他的回答是：「成功最可靠的途徑就是一次又一次地嘗試。」對於目標的執著，無疑是愛迪生能夠締造非凡成就的基礎。這點也表現在他對「天才」的那句著名定義：「天才等於百分之一的靈感加百分之九十九的汗水。」

幾乎沒有人像愛迪生那樣牢牢記住，一個人若是沒有流下汗水，沒有辛勤努力，恐怕是無法實現什麼重要的事情。

一分耕耘，一分收穫！嗯……但沒有那不可或缺的一點幸運，一個人還是難有什麼驚人的成就啊！

當然，成功確實必須要有一點幸運。如果威瑪‧魯道夫沒有一個願意無怨無悔支持她的家庭，她恐怕永遠也無法克服小兒麻痺所帶來的障礙。如果她沒有在籃球比賽中被一位田徑教練所發掘，她恐怕也無法成為奧運金牌得主。愛迪生也一樣，在他十五歲時偶然在一場意外事件中，救了某位電報員的兒子一命，出於感激，這位電報員教導了他電報的操作技術。日後愛迪生不僅借助這些知識讓自己從報童晉身為電報員，更憑藉它們幫助自己完成最初的一些發明。

由於當時電話的發展還不成熟，用電報進行遠距離的訊息傳輸依然十分重要，因此愛迪生在這個領域的種種發明極具價值。他也確實滿幸運的，剛好在這個時點上以發明家之姿開始自己的事業，因為十九世紀末與二十世紀初，可說是劃時代的技術一項接著一項相繼問世。儘管如此，就算身處於有利的時空環境，如果愛迪生沒有驚人的毅力，恐怕永遠也無法達成後來所締造的那些成就。

所以意志還是很重要囉？

當然。沒有任何理性的大腦專家或哲學家會去質疑這一點。一個否認「自由意志存在」的人，並不必然就否認「意志本身就是世上種種結果的『原因』」。相較於做沒兩三下就放棄的人，一個人若是秉持堅定的意志去追求自己的目標，將會更有機會達成它們。

可是，如果不相信「自由意志」存在，人們難道不會比較容易放棄嗎？

事實並非如此！只要去想想一些現代的偉大思想家，像是達爾文、愛因斯坦、馬克思、尼采或佛洛伊德等等，他們沒有一個相信「自由意志」，可是看看他們的成就吧！就連愛迪生也不是「自由意志」的支持者，他自認為是「海克爾派」——達爾文的戰友恩斯特・海克爾的追隨者。海克爾在《宇宙之謎》（*Die Welträthsel*）一書中，認為「自由意志」只是種幻象。

你該不會是想說，只有放棄「自由意志」想法的人才能為成功感到開心吧？

是的。但我的意思絕對不是說，放棄「自由意志」這種信念的人，也必須放棄「他可以做到他打算做的事」這種信念。我甚至認為，如果我們相信「意志與能力的因果決定性」，對於實現目標會很有幫助。

為何？

因為在這樣的前提下，我們會更禁得起失敗，也更容易遵循愛迪生的建議「一次又一次地嘗試」。通常問題就在於大多數的人會譴責自己的失敗，導致太早放棄，因為他們並不承認失敗的必要性。然而，一個人若是能夠明白，人在當時既有的條件下，根本無法比當時的自己更成功，這樣的認知對他會是非常大的幫助。藉由這種方式，人們可以培養出像是「燃燒的耐性」（ardiente paciencia）這樣的東西，也就是說，有能力努力實現自己的目標，但就算所追求的目標無法實現也會勇敢面對。

這麼說來，「燃燒的耐性」可說是維斯穆勒、魯道夫和愛迪生的成功秘訣囉？

是的，為了發展埋藏在自己身上的潛能，我們既不能過於急躁，也不能過於冷靜。當然不是每個人都能成為魯道夫或愛迪生，但我相信每個人身上，都隱藏著等待被召喚的潛力。只可惜大多數的人都無法發揮自己的潛能，雖然這不是我們自己的錯，但還是令人感到遺憾。

自身潛力的覺醒可說是「生命的藝術」的重要基石之一，雖說只有極少數的人在這個領域裡算得上真正的大師⋯⋯

「我只是強大的力量與深不可測的命運手上的一個工具。」 就是憑著這樣的藉口，納粹武裝親衛隊一級突擊隊的大隊長阿道夫・艾希曼（Adolf Eichmann），試圖推卸他身為納粹對猶太人所犯暴行主要負責人的罪責。艾希曼表示自己只是因為受到「環境的形塑」，才變成當時那樣的他，此外還表示，他（和每個人一樣）無法「跳過自己的影子」——這兩點說得都沒錯，不過完全無法合法化他的行為。

在某種程度上，我們可在艾希曼身上見到「威權性格」（autoritärer Charakter）的原型。這個概念是由心理分析學家暨社會哲學家佛洛姆（Erich Fromm，1900～1980）在一九四一年時所提出，他在極具開創性的《逃避自由》（*Die Furcht vor der Freiheit*）一書中寫道：「威權性格的勇氣，本質上就是種承受命運或他個人的『領袖』為他所做的決定的勇氣。其最高的美德是無怨無悔，而非試圖終結或減輕痛苦的勇氣。構成威權性格的英

雄主義的，不是改變命運，而是屈從命運。」

人們恐怕無法對艾希曼的性格做出比這更好的描述！無論如何，在他的觀念裡，並沒有「人可以擺脫『命運的強力支配』」這樣的想法。艾希曼的例子顯示出了，一個人若被成功地灌輸了「個人必須屈從於環境」這樣的信念，他就會這麼做。相信自己無能為力，真的就會讓人感到無能為力，進而無法利用創意突破障礙。

基於這個理由，「宿命論」可說是非常危險的，無論它是披著傳統宗教的外衣（不妨想想印度「種姓制度」中「賤民」階級，他們相信自己天生就是要去做低賤的工作），抑或是以現代偽科學的形式出現，例如所謂的「基因宿命論」。

這種「基因宿命論」會有什麼後果，我們可以看看包括《鐘形曲線》（*The Bell Curve*）在內的不少書籍造成什麼樣的影響。《鐘形曲線》是由查爾斯·莫瑞（Charles Murray，1943～）與理查·赫恩斯坦（Richard Herrnstein，1930～1994）於一九九四年所共同發表。莫瑞與赫恩斯坦不僅認為智力是由遺傳決定好的，更認為連失業、失學、貧窮、虐兒等一連串社會問題，也都能夠歸因於低智商。因此這兩位作者建議，應該減少對單親媽媽的幫助，才不會鼓勵這些智力低於平均值的婦女繼續生兒育女，從而讓整個社會的素質跌入谷底。

《鐘形曲線》的論調受到美國右翼保守派的高度讚揚，卻也招來許多知名科學家的嚴厲批評。像是心理學家馬丁·塞利格曼（Martin Seligman，1942～）就嚴厲指謫莫瑞與赫恩斯坦所假設的「智商與貧窮的關係」是有問題的。塞利格曼認為貧窮階層的人在智力測驗中成績較差的現象，主要歸因於「習得的無助」

（learned helplessness）。較差的認知能力，與其說是造成貧窮的原因，倒不如說是貧窮與缺乏晉升機會導致的結果。

透過指出「遺傳決定論」與「遺傳潛能」兩者的重要差異，演化生物學家史蒂芬‧古爾德（Stephen Jay Gould，1941 ～ 2002）也支持塞利格曼對《鐘形曲線》的批評。在古爾德看來，我們的人生並不取決於基因，它們只是賦予了人生中讓各式各樣的可能，得以實現的框架（「遺傳潛能」）。

社會環境同樣不能完全限制我們的人生該如何度過，因為我們並非是以「一張白紙」之姿誕生於這個世上，任由「出身環境」決定我們的人生故事〔這是由美國著名心理學家史金納（Burrhus Frederic Skinner，1904 ～ 1990）所做的比喻〕。我們的思想與行為，是遺傳資質與遭遇的複雜環境條件，交互作用的獨特結果。

所以，我們並非如艾希曼所認為的那樣，只是「強大的力量手上的一個工具」。無論是「基因」、「社會環境」或是「不可理解的命運」，都不能牢牢綁住我們的人生走向。身為會去區別幸與不幸的「任性生物」（eigensinnige Lebewesen），我們對於發生在自己身上的事情完全具有發言權！

馬克思曾寫道：「人類創造他們自己的歷史，但他們創造歷史卻並非出於自由意志。」這意味著，雖然我們的自我受到無數因素所左右，但我們卻能決定自己的人生，尤其是當我們的「自我」受到自我決定的想法所左右時。

「永遠堅持理性」
真的理性嗎？

在回想我們到目前為止針對「生命的藝術」所聊的一切時，我總覺得好像漏掉了什麼很重要的事情。我能理解我們應該竭盡自己的所能，堅持追求自己的目標。只不過，我也隱約覺得這樣的建議似乎有點「頭重腳輕」。到底哪裡還有能夠讓隨興或瘋狂容身的地方呢？就像我們完全放棄小酌一番的樂趣，就只為了避免可能會宿醉，這樣的生活難道不會變得超級無聊？

　　嗯，我知道妳想說的是什麼了。妳想知道的是，始終堅持理性真的理性嗎，是不是？

對，你說得很好！我實在無法想像，如果總是只用冷靜、理性的腦袋去看事情，我們真的能變幸福。

　　我也有同感，因為「始終堅持理性」肯定不是理性！我們三不五時也得要「放肆」一下，來感覺自己還活著。雖然我完全不否認，一個人對自己的生活有所控制是好事，只不過若是強制性地控制生活，對我們就會是弊大於利。

　　「生命的藝術」也包括了「放手」的能力，也就是能夠關閉「想要控制一切」的想法。如果不能夠暫時擺脫理性，就不可能有真正的全神貫注可言，因此人類一直在發展可以放鬆理性控制的文化技藝，不是沒有理由的。當然我所指的並非只是靜坐冥想，還有舞蹈與吸毒所引發的狂喜陶醉感。

什麼，你覺得毒品的生產與消費是種「文化技藝」？

當然！一個完全沒有毒品的世界跟幻想沒兩樣。我不覺得我們有什麼理由剝奪一個人「醉的權利」。如果一個人不能決定自己身體的新陳代謝，還有誰能？我覺得德國政府對於根本不該管的事情管太多了。

所以你不會去參加「不要給藥物權力」的抗議活動囉？

我們當然不該賦予藥物操控我們的力量。我也不否認，娛樂性藥物隱含著嚴重的危險，某些藥物也絕對不能碰。幾乎所有的藥物都該管控使用狀況，這點同樣也適用於合法藥物、酒精、尼古丁和咖啡因。

不過，「娛樂性藥物有害無利，應該受到嚴重譴責」這樣的觀念則是胡扯。我個人是很懷疑那些在這個領域裡扮演衛道人士的激進禁慾傳道者，他們大概都患有某種「健康妄想」或宗教式的「唯道德論妄想」，搞不好還兩者兼具。

你說的「健康妄想」是什麼意思？

「健康妄想」就是一個人強迫性地把「竭盡所能，只求在歷經所有痛苦忍耐之後，最終至少能『健康地』死去」當成人生的目標。

這聽起來很荒謬。

荒謬卻也可悲。因為一個人若是基於要「活得健康」，而開始對所有的享樂、飲食、行為都感到焦慮不安，他就是生了病卻不自知。他走上了一個不可能獲勝的戰場，因為人就算百分之兩百實行所有的健康秘訣，生命還是無可避免會走向死亡。我的意思當然不是說大家不該注意自己的健康，而是在照顧自己的健康之餘，卻不該錯過了美好的人生！畢竟，我們的目標不該只是多活幾年而已，還要讓人生更精彩。一

個人若是基於「健康理由」，謝絕所有能為人生增添樂趣的事物，我就不禁會想問：他到底為什麼會想要延長這樣的人生？

我的基金會同事，瑞士的免疫學家貝塔・史塔德勒（Beda M. Stadler），曾在一場聚會中表示：「人生是場無可避免的向下滑倒，一手拿著一杯威士忌，另一手拿著一根雪茄，這樣子滑倒會比較愜意。」我覺得這是相當有智慧的一段話。當然，我們也不該過度沉迷於威士忌或雪茄，不過一個未曾喝茫，並且從真正的宿醉中醒過來的人，或許不能算是真正活過。

是啊，我也這麼認為。沒有歡樂的派對算是什麼人生呢！不過，還是回到之前的話題吧，你剛剛說某些禁慾的傳道者受到宗教的「唯道德論妄想」所驅使。這又是什麼意思？

如果回顧一下歷史，我們不難發現毒品禁令主要是受到宗教的力量所驅使。舉例來說，教宗英諾森八世（Innocentius PP. VIII）就曾在一四八四年頒佈的「獵女巫教喻」中，首次下令禁止使用大麻。當第一份「國際鴉片公約」（International Opium Convention）在一九一二年於海牙通過時，鴉片、古柯鹼與嗎啡都遭到禁止，為國際禁毒政策奠定了基礎。這是由曾經在上海主持籌備會議的新教主教——查爾斯・布蘭特（Charles Brent）所促成，這一點絕非偶然。

就連一九一九至一九三三年在美國進行的禁酒運動（這也讓黑手黨趁機崛起），主要也是由宗教的衛道人士所推動，特別是屬於基督教基本教義派的「禁酒黨」（Prohibition Party）和「基督教婦女禁酒聯合會」（Woman's Christian

Temperance Union）。

為何宗教人士會對這種議題這麼有興趣？

這是因為，宗教一直以來都在嘗試控制「神魂顛倒」的體驗這件事，也因此在性與吸毒方面都存在著許多宗教規定。宗教規定了哪些「樂趣」是允許的，哪些則不是，正因如此，它們得以發揮操控世人的權力。如果每個人都能自行決定想要享受什麼樂趣，那麼宗教還有什麼功用呢？於是乎，宗教就列出了一大堆的戒令與禁令，至於那些他們不想或不能禁止的事情，就會以別的方式來加以控制。在德國，會有那麼多啤酒廠和酒莊都是屬於教會的財產，這不是沒有原因。

OK，宗教組織想要控制享樂與陶醉，這點我能理解。可是「一般的信徒」為何要有這樣的堅持呢？

有些信徒對外保持端正的形象，但是如果仔細觀察，不難發現他們其實喝了很多酒（雖然他們都勸人多喝水）。我不否認，的確有人恪守宗教的各種戒律與禁令，因為他們已經將這些教條高度內化了。一旦他們享受了某些「骯髒的樂趣」，就會感到「不純潔」。這並非只有針對飲酒的「純淨戒律」，大多數的宗教也發展出「人類的純潔」這種觀念，許多信徒都深恐會「玷汙」這樣的「純潔」。這不僅表現在許多人於性愛後或祈禱前會有的「洗滌癖」上，同樣也表現在這幾年從美國傳到我們這裡的禁菸運動上。

禁菸運動跟宗教的純潔觀念有什麼關係？

某些禁菸運動的推手所關心的不只是「吸菸在客觀上對健康的損害」，他們也同樣在意如何防止吸菸會造成的「骯髒」。早在二十世紀初，「基督教婦女禁酒聯合會」除了禁酒以外

也想推動立法禁菸，時至今日，提倡禁菸儼然成了某種「宗教」，早已不再只是理性的健康啟蒙。我得說，看到那些宣傳反菸信仰人士歇斯底里的言行，反倒讓我在過了三十歲之後才開始憤而抽菸。

你明明曉得為了抗議而吸菸，是蠢到爆炸的一件事，不是嗎？

當然，這的確很幼稚，而且有朝一日，我甚至可能會後悔當初為何要開始吸菸。我很清楚，吸菸不但有害健康，而且還傷荷包，可說是雙重不理性。不過，無論此舉是如何不理性，我就是有權不理性！沒人應該否認我的這個權利，至少只要我的不理性沒有危及他人或過分影響他人（例如不情願地吸了二手菸），就不該被剝奪。

難道說，你一點也不擔心自己可能死於吸菸所帶來的後果嗎？

如果我不是死於吸菸帶來的後果，必然也會死於別的原因。有句順口溜說得好：「酒精和尼古丁，奪走半數人的命，但若無酒精和尼古丁，也會要了半數人的命。」

可是比起不抽菸，你很可能會因抽菸而提早幾年過世！

話是沒錯，我也完全不想低估吸菸對健康造成的風險。就算在相關的辯論中所提到的一些數字禁不起嚴格的檢驗，吸菸有害健康也是顯而易見的事。只不過，我想因為什麼的愛好而犧牲自己幾年的壽命，這得要由我自己來衡量！我既不允許國家，也不允許某些「心存善念」的健康使者來為我做這個決定。妳不妨想像一下，如果什麼事物會有健康風險，全都由國家來規定的話，國家不只要禁菸，還要禁止奶油蛋糕、巧克力棒、旅行或危險的運動等等，我個人並不想活在這種「理性獨裁」下！

個人自由的權利也包括了幹些不理性事情的權利。雖然身為哲學家的我致力於讓世人可以做出較為理性的決定，但我堅決反對讓人屈從於理性的審查，因為這會讓我們失去許多讓人生具有生存價值的事物。

為何？

因為理性所具有的一切優點中，很遺憾，就是獨缺創造力！在理性主義所描繪出的人類形象中，理性被過度高估了，特別是在康德的哲學裡，在他看來一切都該是理性的。然而，這樣的要求對於理性卻是種苛求。如果我們詳加觀察，不難發現，它其實只能承擔某個「管制機關」的工作。

如同「德國技術監督協會」會對汽車的行駛功能進行檢測，理性也會對先在大腦無意識中樞裡形成的創意解答進行檢測。要是「理性警察」太過「熱心」，理性的控制太過強烈，創意的產量將會非常有限。因為創造力需要以輕鬆有趣的態度來處理事情，在這方面，「理性」這個掃興者一點用也沒有。

難道這就是一直以來藝術家經常借助毒品的原因之一嗎？

是的，因為藉由這種方式可以解開理性對幻想的封鎖，使得人們可以不再以「分析」的方式，而改以「直觀」的方式去認識事物。如此一來，人們就能允許思考跳躍，去追尋在無趣、理智的「理性」眼中荒唐至極的那些想法。藉由關閉「理性的審查」，在我們的大腦就能產生容許創意解答的新神經元連結；單憑理性的分析，我們根本無法獲得那些創意解答。

所以，創意解答與其說是出於有意識的、理性的思考，倒不如說

是出於無意識的大腦過程嗎？

沒錯。我們的意識連同「理性管制機關」的所在地，僅能支配大約五十位元的少量「隨機儲存記憶體」，相反地，我們大腦的其餘部位則能夠、而且必須以每秒數百萬位元的速度來工作。因此，如果我們賦予理智唯一的決策權，這絕非什麼「明智」之舉，許多相關研究顯示，出於「直覺」的自發決定基本上比過度基於理性思考的決定更聰明。

因為那些「用肚子」做決定的人運用了更大量的「記憶體」嗎？

是的，因為如此一來，在做成一個決定時，會有更多的因素獲得考量。一個人如果在處理事情上太過「唯理是問」，換言之，太過關注那小小五十位元的理智，就會剝奪直觀的力量。

所以說，我們應該賦予直覺更大的活動空間囉？

沒錯！特別是當我們遇到比較困難的問題時，關機、放肆一下、擺脫理性等行為，反而會是「理性的」。基本上，當我們不過度聚焦於問題上，最好的解答往往就會自然浮現。舉例來說，當我在寫一篇文章寫到腸枯思竭不知該如何繼續下筆時，我就會站起來像瘋子一樣跑來跑去。

對，而且我覺得看起來很蠢，就像一頭老虎在柵欄裡來來回回亂跑！

我知道這看起來很蠢。不過這樣跑來跑去，就能讓我的思緒不集中，能一下想想這個、一下想想那個，突然間（我無法描述那到底是如何發生），我的內心就會豁然開朗，知道文章該如何寫下去。

有時難題也會在睡夢中解決，我還滿常帶著某個難解的問題

入眠，結果到了第二天早上，救命的點子就彷彿從天而降。

也就是說，夜裡大腦也會在我們無意識的狀態下繼續處理問題嗎？

妳一定也有過這種經驗：妳在晚上怎麼努力也想不起某部電影的名字，可是隔天妳一覺醒來，名字就自動浮現在腦海裡。順道一提，愛迪生曾以特別的方式利用這樣的現象。他設計了一張「發明家椅」，白天時他會坐在上頭打瞌睡，不過，這張椅子別出心裁的地方是，當他到了首次深度放鬆的時刻就會醒過來。愛迪生曾表示，多虧如此具有創造力的睡眠休息，讓他得以完成一些最重要的發明。

好厲害！不過，這種無意識的思考過程，肯定不會只是在找出問題的創意解答上很重要而已吧？

是的，妳可以想想「愛」。沒有人會愛上另一個人，只因為這是「理性的」……

你的意思是，兩個人之所以會在一起，這並非理性的決定嗎？

因為人類不太會先列出「可能戀愛人選」的特質清單，再去選出「成本效益分析」中得分最高的人選！一個人若是根據這種理智、清醒的標準去擇偶，他根本就不可能「墜入愛河」。因為愛需要「傾心」，唯有當負責調節的理性被關閉，才有可能發生。戀愛中的人處於名副其實的陶醉狀態，光是看一眼對方的照片，身體就會分泌如假包換的「毒品雞尾酒」。如果一個人害怕失去理智的控制，就無法真正愛上別人，也永遠無法體驗真正激情的喜悅。

但這種失控的激情也可能走偏，愛戀往往會產生嫉妒，甚至是難以化解的怨恨！我們經常會聽到，有些人一開始愛得死去活來，

後來卻痛恨對方到巴不得對方去死！

　　沒錯，每個深情的羅蜜歐都一秒變成醋勁大發的奧塞羅（譯註：Othello，莎士比亞四大悲劇之一的主角，因受人挑撥而懷疑妻子出軌，憤怒之下殺害妻子，在真相大白後自刎殉情），每個茱麗葉也可能搖身一變成為怒火中燒的復仇女神。對此，人們能做些什麼呢？我認為，最晚拖到愛情就快變質成嫉妒的那一刻，人們就該趕快通報「理性的管制機關」。

　　當然，憑藉僅有五十位元的理智部隊，想要對抗為數兩千多萬位元的直覺大軍，的確不是件容易的事，畢竟嫉妒也是人類演化出來的重要情感！儘管如此，理性也並非完全得要坐以待斃。如果一個人能夠真正明白，他永遠無法主張對另一個人擁有「所有權」，就會比較容易控制、甚或完全克服自己的嫉妒心。

你的意思是，擺脫嫉妒感是可能的囉？

　　我們都很容易理解，當心愛的人離開時會深深感到不幸。但為什麼又非得因為這樣而「嫉妒」不可呢？如果我們仔細觀察，不難發現，嫉妒的人所感受到的攻擊性情緒，主要是「自尊」問題所造成的。嫉妒者往往是怨恨他人沒有給予他自認應得的尊重。

所以說，這裡又牽扯到「驕傲的自我」這個問題囉？

　　正是！如同驕傲，嫉妒也是奠基於對事實的錯誤詮釋。如果妳能克服驕傲，妳就跨出了將嫉妒感拋諸腦後的第一步！一個人若能學會不再過分看重他的自我，就會比較容易克服嫉妒感，因為他將不用再承受「必須藉由他人的重視來提升自我的價值」這種壓力。

可是，這難道不正是構成浪漫愛情的重點嗎？一個墜入情網的人之所以覺得如此美妙，不正是因為自己受到某人特別的重視而提升了自我的價值嗎？

當然，所以我也認為人們應該讓愛情遊戲擺脫「理性警察」的束縛！不妨想想，一個人在跟情人親熱時滿腦子只想著：「我之所以渴望這個伴侶，只是因為我們的基因想要繁衍，而伴侶的性引誘物質恰好與我契合，加上幸福激素催產素（oxytocin）正在推升我們的情緒。」到底會是什麼情況?!或者，當伴侶正在說甜言蜜語、發下山盟海誓時，我們卻理智地想著：「另一半可能很快就會因為遇到更能讓他分泌快樂激素的人而甩掉我。」這不是很煞風景嗎？

如妳所見，理性不僅超沒創造力，而且也超不浪漫，讓激情窒礙難行。不過，當愛情不再那麼濃烈時，理性的這種特性卻可以幫助我們。借助清醒的理性，我們可以降低對於伴侶的苛刻期待，可以遏制只會造成痛苦的致命激情。

也就是我們該視實際情況開啟或關閉理性囉？

是的，這正是我們該學習的！在浪漫的情況裡，應該只讓理性處於「待命」狀態，因為它有能力毀掉最美好、最激情的時刻。至於在嫉妒之類的問題方面，我們則應將理性切換到「高階模式」，因為破壞這種「激情」對大家都只有好處沒有壞處！

真有可能那麼輕易開啟或關閉理性嗎？

我並沒有說這很「容易」，但還是可以訓練自己這麼做。只可惜，雖然我們迫切需要這樣的能力，學校裡卻不可教導這樣的技巧。能在對的時刻，適切地在「理性控制」與「無條

件投入」之間來回切換，無疑是「生命的藝術」中最重要的能力之一。始終堅持理性，並不是那麼理性；至於將理性擱在一旁，眼睜睜看著盲目的激情將我們推向不幸，則是非常不理性。

嗯……我想到過去有時候我會有強烈的嫉妒心，可能就需要這樣的「理性切換」。不過，如果我們現在不再繼續談不理性，而是去做些真正不理性的事情，你覺得怎麼？比方說，我們可以開車到市中心，找家滿屋子菸味、酒味的酒吧，喝幾杯「貴參參」的雞尾酒，最後再花大錢搭計程車回家！不知你意下如何？我也會一起出點錢！

這聽起來似乎是個極為理性而且不理性的建議，我怎麼能說「不」呢！後上車的得先付第一輪酒錢！

「只要人們不覺得基督教的道德是對生命所犯的重罪，它的捍衛者就很有得玩。」 寫下這段話的是德國哲學家尼采，人類有史以來對基督教所提出的最嚴厲控訴之一，便是出自他之手。在尼采看來，基督教的道德導致了「對享樂的貶抑」與「對身體的鄙視」，從而也造成了「對生命的荼毒、醜化及否定」。相反地，他自己這位「手持錘子的哲學家」暨「一切價值的重估者」卻是極其「肯定生命」。他滔滔不絕地捍衛天然的慾望與「戴歐尼修斯之醉」〔戴歐尼修斯（Dionysus）是希臘的酒神，也是喜悅、生殖和狂喜之神〕，反對一切在神學文獻及康德的理性哲學中所見到的病態又致病的道德「暴政」。

康德主張，人類有義務服從理性的普遍原則，若有必要，甚

至得選擇違背自己的感官需求。尼采則將這樣的主張視為「有害生命」，看成是某種哲學的「囈語」。古典詩人暨哲學家席勒（Friedrich Schiller，1759～1805）雖然十分推崇康德，卻也注意到康德對於身體和感官的敵意。

席勒曾評論道，在康德的道德哲學裡「嚴厲地表達出義務的觀念」，這樣的觀念「嚇退了所有的優美，而軟弱的心靈很容易就被引誘去，在幽暗與禁慾主義的道路上尋找道德的完美」。席勒反對理性施加於人類天性的暴政，主張「道德」與「感性」該和諧共存，唯有以這樣的方式，理智才有機會去執行有違真心的想法，畢竟天性是「感官世界中唯一的動力」。康德所宣揚的「純粹理性的啟蒙」其實並不足夠，因為「通向腦袋的路」必須用「心」來打開。

席勒的「理性與感性和諧共存」這種想法，提前道出了二十世紀晚期人們以「情緒智力」（emotional intelligence）或「情緒商數」（emotional intelligence quotient，簡稱 EQ）來表達的觀念。美國心理學家暨科普作家丹尼爾‧高爾曼（Daniel Golema）將「情緒智力」定義成：「認識我們自己的與他人的感受、激勵我們自己、妥善處理我們自己的情緒與我們的關係的能力。」美國心理學家霍華德‧加德納（Howard Gardner）認為，有關人生的種種成就，這種情緒或個人的智能比智商更能透露出許多東西。他曾表示：「許多智商高達一百六十的人，所具有的內省智力低於智商只有一百的人，於是他們只能為智商只有一百的人工作。」因此，加德納和高爾曼主張，不該只是督促兒童要在知識方面有所長進，同時也要重視培養他們的情緒智力。

我們可以合理懷疑，「一切價值的重估者」尼采的 EQ 到底

如何？雖然他在人類心理方面有偉大的見解，然而在處理自己和他人的情緒上，就不是很優秀了。他那些了不起的作品，彷彿就是一場失敗的自我療癒。雖然他是那麼希望能夠擺脫成見，最終卻又相當執著於那個時代的成見，不然我們還真的很難解釋他為何會對婦女、猶太人或社會主義者做出可怕的評斷。

在近代哲學家當中，若有哪位哲學家的思想稱得上尼采所說的「快樂科學」（fröhliche Wissenschaft），或許當推既聰明又熱愛生命的法國醫生暨哲學家朱利安・美特利（Julien Offray de La Mettrie，1709 ～ 1751）。

誠如伯努爾夫・康尼特塞德（Bernulf Kanitscheider，1939 ～ 2017）所述，「在所有哲學家當中」，美特利「無疑是對人生樂趣最毫不妥協，且最心胸開放的捍衛者」。在一七四七年，美特利的首批「邪說」著作在法國被焚燬後，就被迫逃離法國。到了一七四八年初，在他出版了先驅性的著作《人是機器》（L'homme machine），在這本書裡，他毫不留情地揭露了我們的思想和感受在自然科學上的基礎，因此同樣在相對自由開放的荷蘭陷入了危險。後來美特利成功逃往普魯士，在腓特烈大帝（Friedrich der Große，1712 ～ 1786）的宮廷裡擔任御醫與沙龍的貴賓，在那裡度過他的餘生。

腓特烈大帝在年輕時曾表示，每個人都該依照自己的想法來過活。根據這樣的觀點，他鬆綁了普魯士的審查規定，許多當時的自由派名士都齊聚於他的無憂宮（Schloss Sanssouci），其中也包括了美特利及伏爾泰，不過即便如此，美特利卻很快又踩到了腓特烈大帝所謂「寬容」的紅線。在美特利發表了他最重要的著作《論幸福》（Discours sur le bonheur）後，腓特烈大帝下令恢復

審查機制做為回應，大帝甚至不得不親手把十本《論幸福》丟進火裡。

儘管腓特烈大帝將《論幸福》和美特利的第二主要著作《享樂的藝術》（*L'art de jouir*）視為有害臣民道德的禁書，但他還是把這位叛逆的法國人留在宮廷裡。為何？很顯然，他曉得要珍惜與美特利的私人友誼。

當拉·美特利於一七五一年在神秘的清況下死去時（官方的說法是，美特利誤食了腐壞的餡餅，不過許多跡象都顯示，他其實是被毒殺），腓特烈大帝親自寫了一篇訃告，裡頭寫道：「上天賦予了美特利一份永不枯竭的天然快樂寶藏。他是天生的演說家與哲學家，不過，更珍貴的天賦，則是他純真的心靈與謙恭的本性。未曾被神學家的中傷所洗腦的人，將會哀悼美特利是個可敬的人，也是位有能力的醫師。」

儘管如此，美特利這個「不道德的無神論者」，跨越所有道德羞恥界限，鼓勵男男女女在感官上實現自己的性愛情慾的人，卻給自己招來了莫大的鄙視。本來就對美特利的「渾身是勁」感到嫉妒的伏爾泰，說他是個「傻子」、「笨蛋」；法國大文豪狄德羅（Denis Diderot，1713～1784）認為他是「惡習的辯護人」，甚至認為他是個「在品行與觀點上腐敗至極的傢伙」，必須把他從「哲學家的圈子」裡趕出去。

對於美特利這位爽朗的人類之友的恨，證明了即使是最重要的啟蒙哲學家，也無法擺脫他們那個時代的道德束縛。所以直到今日，儘管他實在該被奉為最偉大的思想領袖之一，美特利仍是個哲學界的「失勢之人」。還有誰能比他更能表達出什麼叫做擁有「沒有成見的自由精神」呢？美特利不僅是一位現代自然主義

的人類形象的思想先驅，更是一位不折不扣的生活與愛的藝術大師。因此，他對肉慾的「不道德」建議，至今仍值得我們參考：「讓我們喝酒，讓我們歌唱，讓我們愛我們的所愛！讓我們玩樂與歡笑！讓我們自自然然地享受歡愉！即便人生如何苦短，總不枉活過一遭！」

美好的生
與美好的死

我的老天鵝啊，今天我真的是明白感受到自己是活著的……

　　妳八成是宿醉了，對吧？我不是警告過妳雞尾酒的後座力很強。

我知道，但人家就是想要徹底「不理性」一番嘛！話說回來，我們昨天不是有提到，每個人都應該有權利決定他自己的人生。這一點難道不也適用在「死亡」上嗎？我想問的是：我們是否有權殺死自己？

　　關於這個問題，妳有什麼想法呢？

我認為我們應當有權利決定自己的死亡。只不過，我比較好奇哲學家對此又有些什麼樣的想法。還是說，「自殺」這個主題在哲學界裡不重要？

　　不，這個主題在哲學界裡當然也受到廣泛的討論。卡繆（Albert Camus）在他著名的《薛西弗斯的神話》一書裡，甚至以這樣的主張來開場：「真正嚴肅的哲學問題只有一個：自殺。判斷生活是否值得過，這本身就是在回答哲學的根本問題。」

　　基本上我贊同卡繆的看法，不過我寧可用「selbsttötung」或「suizid」來取代「selbstmord」這個用語（譯註：這三個用語在德文裡皆為「自殺」之意）。

為何？

因為「mord」一詞代表違反某人的本意，且出於「卑鄙的」動機（例如貪婪）而殺害某人，但「selbsttötung」在邏輯上卻不會有這樣的情況。就這點來說，「selbstmord」這個概念本身就有所矛盾，頂多只能在嚴格的宗教脈絡下具有意義，也就是說，如果人們相信生命「本身」是神聖的，而自殺是違背「上帝意旨」的，才會成立。但我們早已揚棄這樣的想法……

有時我們也會聽到「freitod」這樣的用語（譯註：德文的「freitod」同為「自殺」之意，字面上的意思則是「自由死亡」）。**這個用語難道不比臨床用語「suizid」更貼切嗎？每次說到「suizid」，我就不禁會聯想到「insektizid」（意即「殺蟲劑」）一詞。**

如果所有的「自殺」都是「自由死亡」，那麼我同意妳的看法，只可惜情況並非如此！許多試圖自殺的人，並非「自由地走向死亡或在死亡中是自由的」，誠如尼采在《查拉圖斯特拉如是說》（*Also sprach Zarathustra*）一書中所述。事實上，是抑鬱、相思、害怕失敗或內疚等原因，驅使他們去自殺。他們也並非遵循「死得其時！」這項建議（尼采將此視為判斷「自由死亡」的標準），而是提早或不是時候地死去。不妨回想一下，二〇〇九年十一月時，前德國國家足球代表隊門將羅伯特・恩克（Robert Enke）臥軌身亡的事件，當時這起自殺事件曾在整個歐洲引起不小的震驚。

你的意思是，恩克沒有權利自己結束自己的生命嗎？

他當然「有權做這樣的決定」，但這並不代表，他「做這樣的決定是對的」。恩克並非出於自由得出「自己的生命不再值得活下去」的結論，而是在深度憂鬱的壓力下得出了這樣

的結論。如果這項疾病獲得適切的治療，他或許會做出一個不同、較為理性的選擇，那個選擇或許不僅能讓他本人，還能讓他的家人、朋友，甚至那位撞死他的火車司機，省去巨大的痛苦和遺憾。

無論如何，恩克的自殺讓「憂鬱症」這個主題得以獲得社會大眾的廣泛討論。就這方面來說，這個絕望的行為或許還是有那麼一點正面意義可言。

希望如此。在恩克不幸過世後的那幾個星期裡，人們談論憂鬱症和自殺的態度出乎意料地開放而坦率。也許，透過這起事件真的能讓更多人明白，萬一不幸罹患了憂鬱症，他們也無須感到罪過。從生物學的角度看來，憂鬱症是大腦裡的代謝失調，就這點來說，它其實完全可以跟胰島素代謝失調造成的糖尿病相提並論。我們罹患糖尿病一點也不必有罪惡感，罹患憂鬱症也是。

而且我們或許也不該偏要在某個憂鬱的階段去思索人生的意義……

是的，在人們做這件事之前，或是在做出什麼攸關命運的決定之前，絕對要先去看有能力的醫生！抗憂鬱藥物與心理治療已經幫助許多人，重新發現先前一度消失在眼前的人生光明面。

你知不知道，關於恩克的死亡，最讓我感到驚訝的是什麼嗎？居然幾乎沒有人對他進行道德批判！如果我們回想一下，從前教會是怎麼對待「自殺者」的，現在社會大眾的反應就相當值得玩味，你不覺得嗎？

妳說得沒錯。這顯示出當今社會已在很大的程度上和傳統信

仰觀念說掰掰！在中古世紀時，那些犯了「自殺罪」的人，在死後會遭到審判，會被儀式性地處決、肢解、斬首，還會被視同牲畜埋在墓園以外的地方。到了十六世紀，雖然停止了事後處決「自殺者」的舉動，不過在若干地方，一直到二十世紀，自殺者還是只能在沒有殯葬儀式下被葬在墓園圍牆附近的「不淨之土」。

如果一直到一九八三年，「蓄意自殺」在天主教的教會法裡仍被視為不許舉行基督教葬禮的原因，那麼這一次天主教與福音教派的神職人員，不僅出席了羅伯特・恩克那場隆重的葬禮，而且還畢恭畢敬地談論了死者，這種情況確實值得玩味。

但這並不代表，教會如今已然接受了自殺這件事，是吧？

是的，荒謬的是，他們似乎比較能夠接受「悲劇性的自殺」，也就是「做為絕望行為的自殺」。反倒比較無法接受「理性的自殺」，亦即一個人確實有能力在「正確的時間」終結自己的生命。

在《天主教教理》（*Catechism of the Catholic Church*）中有提到，「嚴重的精神障礙」可以「減輕自殺者的責任」。不過自殺本身仍是種不負責任的行為，因為它違背了「有好生之德的上帝的愛」。畢竟，我們都只是「上帝所託付給我們的生命的管理者，而非所有者」，因此我們並無處分自己生命的權利。

我只是自己的生命的「管理者」，而非「所有者」，這論調聽起來怪怪的！

是的。根據基督教的看法，妳不許自行決定，何時是死亡的

「正確時刻」。

真是沒道理！不過「正確時刻」這個概念所指的，應該不只是人們不能像恩克那樣死得「太早」，還應該包括不能死得「太晚」吧？

說得好！在尼采的《查拉圖斯特拉如是說》的〈論自由死亡〉一章裡「自由死亡」（Freitod）一詞便是出自於此，就是以這樣的句子來做開場：「許多人死得太晚，有些人則死得太早。」完全就是在挖苦這件事。雖然尼采有些論調我是完全不予苟同，不過他說許多人「死得太晚」，倒是點出了一個令人痛苦的事實。特別是在今日，在儀器醫學的時代裡，我們的種種醫療科技往往只是人為地讓痛苦繼續延長罷了，而這到底造成了多少的苦難，恐怕是難以估計。

可是，我們要怎麼知道，死亡的「正確時刻」確實到了呢？

這的確是個大哉問！尼采的例子同樣顯示出這一點，他自己也完全未能等到「正確時點」。在一八八九年一月經歷過一次精神崩潰後，尼采便在精神錯亂的狀態中，度過他人生的最後十一年。屢次中風造成他無法站立，也無法言語，他就這麼久病不癒，慢慢地死去。死亡正好以他最厭惡的方式靠近：「齜牙咧嘴的死亡就像個小偷鬼鬼祟祟地走來」。很遺憾他並未能獲得「因為我想要所以它來找我」的「自由死亡」。

許多人恐怕也都是如此……

是的。人們雖然能利用「生前遺囑」（living will）預做準備，規定在緊急情況下允許採取哪些急救措施，只不過，如果在緊急情況下還能自行做這些決定，或許會更好。有一部分的

人確實能夠幸運地完成這種事，我一位罹患癌症的好友，就是其中一例。他先是試遍了一切目前可以採取的醫療方法，為自己的生命奮鬥，但是等到窮途末路之時，他決定利用僅剩的光陰，好好料理一些個人事務。接著他就向自己所愛的一切道別，然後借助嗎啡來結束自己的生命，因為他很清楚接下來的日子只有痛苦與衰弱。

他死得其時，既不太早、也不太晚，但也只有他這種人才辦得到，因為他自己就是醫師。大多數的人都無緣獲得這種充滿尊嚴的告別，原因之一當然也包括相信「上帝賜予生命的神聖性」！宗教始終拒絕授予人們在終結生命這件事情上自行決定的權利，我也認為這是對人類所施加的一項罪行。這項罪行所造成的苦難，或許比所有血腥的宗教戰爭所造成的加起來還要多！

這麼說來，你似乎是個安樂死的鐵桿支持者。

的確如此！安樂死有很多不同的形式。「直接主動的安樂死」指的是，基於當事人的意願，目標明確地促成當事人的死亡。「被動的安樂死」指的是，放棄延長壽命的治療；「間接主動的安樂死」指的是，把加速死亡的來臨當成某些止痛藥物的副作用。除此之外，還有所謂的「協助自殺」（assisted suicide），就是提供某個不想繼續活下去的人一項可讓他自行使用的適當工具，例如巴比妥類藥物（Barbiturate），好讓這個人能夠自主、無痛、平靜地終結自己的生命。

所有安樂死的形式是否都被禁止？

不，「被動的安樂死」與「間接主動的安樂死」，在某些條件下是允許的。不過，「直接主動的安樂死」，除了在荷

蘭、比利時和盧森堡以外都是被禁止的。針對這項禁止所提出的種種理由，在我看來都不是很有說服力。讓我問問妳，為何要讓一個人在無法好轉的情況下慢慢接受痛苦的折磨，會比遵照其個人意願，實現一個迅速、無痛的死亡更具有人性呢？我們可以讓一條餘生對牠而言就只是代表痛苦的狗安樂死，為何我們要拒絕給予一個明確表達死亡意願的人這樣的「最終幫助」呢？這簡直是荒謬！

在德國，人們之所以對「主動的安樂死」特別感冒，或許是因為過去納粹黨人所犯下的罪行吧？

的確有些反對安樂死的人會提到納粹時期的「安樂死計畫」。但納粹黨人所做的，根本就不是「安樂」死，他們是有系統地針對殘障與心理疾患人士進行大規模的謀殺！一個人若是接受了納粹這種指鹿為馬的說法，不僅是在嘲弄那些大規模謀殺的受害者，更傷害了當今有著充分理由，決定拒絕延長自身痛苦的那些人的合法權益。

在我看來，人們不得不「他主地」死亡，這項事實不能夠詮釋成，人們不能夠「自主地」死亡！自主原則在生命的盡頭也必須一體適用，因為「美好的死」同樣也是「美好的生」的一部分。

所以你認為，社會應該賦予人們死亡自主的權利？

是的，也因此我對那些認真看待患者的意願，而且願意協助他們自殺的醫師懷有無比的崇敬，雖說他們會因此陷入危險的法律灰色地帶。

「協助自殺」在德國到底有沒有被禁止？

沒有直接禁止，但醫師不許針對「自殺」這種目的給予病患

適用的藥物。如果他們明知故犯，不僅會違反醫療專業責任，甚至還可能違反藥物法或麻醉藥品法。順帶一提，病患多半無法充分獲得能減輕痛苦的藥物，同樣也得歸因於這些法令。雖然醫學上已經有辦法讓重病者減輕痛苦，和緩他們的恐懼和沮喪，但部分人士對於「無毒品世界」的扭曲想像，卻阻礙這些藥物能夠獲得充分利用，真的是非常糟糕的一件事。

誠如國內一位理德醫師（Michael de Ridder）不久前呼籲的，我們其實必須發展一套新的「死亡文化」。我們需要一種以「生病的人」而非「生病的器官」為中心的醫學，需要能夠分辨「有意義地延長生命與痛苦地延遲死亡」兩者差異的醫學！如果醫師能夠意識到，他們的義務並非「無條件地」保住生命，而是在某些情況下，也該幫助患者有尊嚴地結束自己的生命，這或許就能省去許多痛苦和遺憾。

OK，我覺得你說得都很有道理。只不過，開放安樂死難道不會有遭濫用的危險嗎？例如老邁或生病的人，難道不會因此受到更大的壓力，要求他們提早結束自己的生命嗎？

乍聽之下，這種「潰堤論」似乎言之成理。然而，它首先在「經驗」上遭到了反駁（在那些允許「直接主動安樂死」的國家裡，並未發生這種可怕的後果），其次它在「邏輯」上也站不住腳，因為如同我們無法從「生存的權利」推得「生存的義務」，我們也無法從「死亡的權利」推得「死亡的義務」！

我認識許多積極推動安樂死自由化的人，有負責協助自殺的醫師，也有像是「尊嚴」、「德國人道死亡協會」等安樂

死組織的領頭人物，他們都是不折不扣的人道主義者！這種「讓老邁、生病的人提早死亡的社會潛規則」觀念，完全超出了他們可接受的範圍。也因此，在推動安樂死這件事情上，他們不僅要求必須明確立法禁止濫用，同時也設法促進社會的改變，呼籲社會大眾必須更強烈關懷老弱殘疾者的困難與需求。

所以，一個人如果致力追求「美好的死亡」，他也該致力於讓更多人過上盡可能「美好的人生」囉？

這是一定的。我們的目標應該是建立一個「更人性化的社會」，在這樣一個社會中，我們每個人都能為「我們是否值得生存」這個問題提供正面的答案！自殺只該是最終的選項，唯有在「確實再也沒有任何值得延續生命的實際可能」這樣的前提下，我們才能選擇這條出路。

要是我們現在來談談，什麼叫做為了一個「更人性化的社會」而奮鬥，會不會很有意義？

這是個好主意！在我們漫遊於哲學世界的過程中，確實只處理了關於知識與個人美好人生等問題，但哲學當然也涉及到人類良好的共同生活。

我們應該如何共處？社會應該受到那些規則的規範？我們如何才能避免那些不人道的恐怖衝突？這些道德與政治的問題，可算是哲學中最引人入勝的主題之一，我們至少也得對這個領域瞄上一眼。

夢想一個更好的世界

「人是好的，人群卻是糟的！」

卡爾‧瓦倫亭（Karl Valentin，1882～1948）
巴伐利亞的喜劇演員、民謠歌手暨作家

「親愛的後人！
如果你們沒有變得比現在和過去的我們更公正、更和平，尤其是更理性，那麼你們就應該被鬼抓去！」

愛因斯坦
德國、瑞士、美國的物理學家、作家暨和平主義者

我們可以
殺人嗎？

在我們確認了個人有權自殺後，我覺得也該聊聊一般的殺人。我
們可以殺人嗎？對於虔誠的基督徒來說，這件事情很清楚，因為
「上帝」在十誡中禁止殺人。不過，身為非信徒，我們就無法援
引「上帝的誡律」，必須以別的方式來說明，為何違反某人的意
願去殺害此人是不該被允許的。

　　沒錯。只不過我想立刻指出一點，在《聖經》裡，殺人壓根
　　兒就不是完全禁止的。在《出埃及記》的第二十章裡雖然提
　　到「不可殺人」，可是到了第二十二章卻又寫道：「行邪術
　　的女人，不可容她存活。凡與獸淫合者，總要把他治死。祭
　　祀別神不單單祭祀耶和華者，那人必要滅絕。」也許妳會感
　　到訝異，不過總體來說，我們在《聖經》裡找到的殺人律令
　　絕對多過於禁止殺人的律令。
　　該殺的不僅只有殺人凶手和強盜，就連同性交媾者、通姦者
　　和與在月事期間的婦女交媾者也都該殺。此外，褻瀆上帝的
　　人、咒罵父母的人、在安息日工作的人、身為男性卻未行割
　　禮的人、取用錯誤飲食的人或誤用（僅限祭司使用）油膏的
　　人，同樣該殺。我們可以說，《聖經》裡的上帝對於動用死
　　刑可是一點也不手軟……

OK，OK，我懂了！不過，如果只單看十誡，它們還是完全沒問
題吧？

很遺憾，這也不對。因為光是十誡的第一條，就隱含了高度不道德、甚至是牴觸憲法的規範。「上帝」命令祂的子民，不准敬拜除了祂以外的神明，這點就完全牴觸憲法中「宗教與信仰自由」的基本原則。祂甚至是「宗族連坐法」的代言人，祂說：「因為我，耶和華，你的神，是忌邪的神，恨我的，我必追討他的罪，自父及子，直到三四代。」

如果我們認真看待「上帝」所說的話，這就代表不但我自己會因為批評宗教而遭到上帝的追究，就連妳九歲的小弟朱利安、他尚未出世的兒子、孫子和曾孫，也都會被追究！這可不是現代法律會有的觀念吧？

不，肯定不是！可是為什麼只有兒子有事？身為你女兒的我，還有我那些未出世的兒子、孫子和曾孫又會怎麼樣？

在第一誡裡並未提到女兒，而這肯定不是出於偶然。因為《聖經》裡的上帝將女性的地位擺在男性之下，因此女性在十誡中並未被當成權利平等的主體提及，事實上，女性是被當成男性利益的客體。也因此，十誡的最後一誡才會說：「不可貪戀他人的房屋，也不可貪戀他人的妻子、僕婢、牛驢和其他的一切。」

什麼?! 女人像牛或驢一樣只是男人的財產？而且顯然十誡裡也還允許奴隸制度……

是的，不過妳也不用大驚小怪。在所有的時代裡，人類其實都會把自己在歷史過程中所發展出的是非觀念轉移到「神的世界」。要是早在三千多年前「上帝」就主張男女平等與廢除奴隸制，或者頒佈了一部關於普世人權的憲章，那才真的令人感到訝異。我們不難理解，這樣的情況從未發生過，是

因為「神明」總是只和人類一樣聰明，他們其實只是人類的幻想產物。

好吧。除去第一誡與最後一誡，你總會至少同意其餘八誡的某一誡嗎？「不應說謊」與「不應殺人」，這聽起來還滿合理的吧！

很抱歉，就連這些我也難以苟同！因為「說謊」和「殺人」這兩者「本身」並非不道德，總有某些情況會需要進行這些行為。舉例來說，在納粹統治時期，一個人若不說謊、隱瞞，反倒誠實向蓋世太保舉報猶太人的藏身之處，這樣的行為其實是不道德的。相反地，施陶芬貝格上校（Claus Philipp Maria Justinian Schenk Graf von Stauffenberg）為了刺殺希特勒以拯救無數人命所發動的叛變，在道德上就很能取得合法性。

所以，盲目地遵從某些誡律或禁令，原則上是錯的？

是的。一個人若是真的想要讓自己的言行「有道德」，他就必須去檢驗，某個特定的行為會牽涉到哪些正面或負面的後果。一個人若只是因為受到權威人士的道德要求而去做或不去做某些事情，這個人的道德發展就還停留在相當低下的層次。

等等，這讓我想到曾經在倫理學課堂上學過的「道德發展階段」（stages of moral development）理論；它其實好像是根據什麼人來命名的……該死，我熊熊想不起來！

我想應該是勞倫斯・柯爾伯格（Lawrence Kohlberg）吧！他曾針對道德判斷的發展進行研究，將整個過程區分成三個人們可以到達的主要階段，分別是：「前習俗」（pre-conventional）階段、「習俗」（conventional）階段與「後習

俗」（post-conventional）階段。習俗式思考的人會認為，符合習俗的，也就是符合「社會協議」的，就是對的。前習俗階段不及這個水準，後習俗階段則超越這個水準。

沒錯，我記得這三個主要階段似乎還各有兩個次要階段。總之，柯爾伯格的這套理論總共有六個道德發展階段。不過，它們的名稱到底是什麼，我現在想不起來了……

目前這些名稱倒也沒那麼重要，我們不妨先來看看每個階段的差異好了。在「前習俗」階段裡（這適用在兒童和某些惡名昭彰的罪犯身上），遵守規則只是基於一項理由：「避免遭受處罰」（階段一）或「獲得個人利益」（階段二）。在這兩個次要階段裡，人們尚未真正理解那些規範共同生活的規則所具有的「意義」。

這要到「習俗」階段才會發生，對吧？

是的，此時人們會將自己所屬族群的社會規則內化，會自動去嘗試符合其他族群成員的道德期待。我們想要當個「好孩子」，萬一違反了現行的規則，則會覺得「良心受到譴責」（階段三）。在第四階段裡，習俗對道德的理解則表現在遵循「法律與秩序」。在這個階段裡，一個人之所以接受既有規則的意義，是因為了解到這是維持社會秩序不可或缺的一部分。

沒錯，現在我也慢慢想起來了。「後習俗」的思維則是超越了單純對既有規定的理解與接受，對吧？

是的！到了階段五，人們會改而遵循「社會契約」的理念。在這個階段裡，唯有在「社會規則有利於社會成員」這樣的前提下，人們才會接受社會規則。如果現行規範違背了社會

成員合理的利益，具有「後習俗」思維的人就會得出「必須取消這些規範」的結論。兩個不錯的例子就是消除對婦女或同性戀者的歧視，而這些歧視都曾奠基於某些「神聖的價值觀」上。

進入階段六之後，這個道德視野會再度擴大。這時人們不再依循社會利益做衡量，而是會依循「更高的原則」（例如依循某種「普世正義」的理念，而不單只是考量自己所屬的社會），人們則依此來判斷，在具體情況中這些道德決定的妥適性。

在我看來，宗教的道德就像是「前習俗」與「習俗」階段道德觀的混合物。在《聖經》裡，要是人類違犯誡律，「上帝」就會用恐怖的處罰來制裁他們，要是人類遵守誡律，「上帝」就會保證他們獲得賜福，這與「前習俗」階段相當吻合。

沒錯！

信徒同時也嘗試要當「乖寶寶」，萬一他們逾越了信仰的規定，就會覺得「良心受到譴責」。而且神職人員還會宣稱，為了維持法律與秩序，要求信徒遵守那些誡律與禁令是必要的。像是很多教宗就堅信，如果拋棄了舊有的道德慣例，去推動同性婚姻，或是在性行為的過程中採取避孕措施，社會秩序就會崩潰。

妳的觀察很入微！宗教的道德其實多半都是「習俗的道德」。它們不會替道德衝突尋找新的解答，只會召喚那些以「神聖不可侵犯」為名的舊傳統，也因此，我們幾乎找不到哪位教宗能寫出達到「後習俗」水準的文章。搞不好成為教宗、紅衣主教等「高階神職」的基本條件，就是這個人必須停留在道德發展的第四階段上！

哈哈哈！拉辛格先生（Joseph Aloisius Ratzinger，亦即「榮休教宗」本篤十六世）可不樂於聽見你這麼說……

我想他應該不會來讀本書啦。無論如何，一套現代的、哲學的倫理學，有別於宗教的教條，是絕不允許奠基在既有的習俗之上，而是必須根據更高的思想原則去質問這些既有的習俗。換言之，它必須落在柯爾伯格發展金字塔最頂端的第六層上。

一套現代的倫理學應當在最高層級上展開論述，是滿理所當然的，但這樣難道不會產生一個問題嗎？很有可能大多數的人根本完全不懂這樣一套曲高和寡的倫理學！如果我沒有記錯的話，根據柯爾伯格的說法，只有極少數的人可以達到第六階段。

妳說得沒錯，柯爾伯格在他的研究過程中發現到，只有四分之一的人到達第五階段，至於到達第六階段的人，則只有少少的百分之五。可是，問題出在哪裡呢？我們難道真的該假定，就生物的角度來說，大多數的人都注定得停留在「習俗」階段嗎？這不僅很諷刺，實際上也是錯的！因為我們所面臨的，與其說是一個生物的問題，不如說是一個社會的問題。人類在道德問題上之所以多半都會採取習俗式的思考，其原因在於，千百年來人類被國家與宗教訓練成理所當然地屈從於既有的習俗，而不是對它們進行檢驗。

這是否意味著，我們必須從某種哲學視角下功夫，去克服這種盲目遵從習俗的傾向呢？

正是。要是我們能不再認同、鼓勵這種盲目服從的態度，就能跨出很大的一步！換句話說，我們應該設法讓「後習俗思維本身變成習俗」，一旦「人們必須質疑社會協議」成了理

所當然的事，以及「行為唯有在與『正義的普世原則』一致之下，在道德層面才算得上適當」也成了理所當然的事，就會有更廣大的群眾到達後習俗階段。

不過，你所說的「正義的普世原則」到底是什麼意思呢？我不是很懂……

我指的主要是「同等利益平等考量原則」。一個人若是能遵守這項原則，就不會逕自將自己的利益優先放在別人的利益之上，也不會理所當然地讓某個族群（例如「男性」、「白人」、「德國人」等等）的利益凌駕於其他族群。他會甩掉侷限於特定小族群的想法，堅持「同等的利益必須受到平等的考量」，不管擁有某種利益的人是誰。

「同等利益平等考量原則」的用意是在不歧視任何人囉！

正是！一個進行道德思考的人，理應考量每個受到某項行為影響的人的利益。不過，這並不代表「所有的利益」都具有「同樣的分量」。所以，出於貪婪而去殺害別人，這當然是不道德的，因為「增加自己財產的利益」絕對不是跟「生存的利益」同一個等級。

我懂了，不許殺人的禁令之所以有效，並不是因為哪個「神明」規定的，而是因為我們會侵犯到受害者的更高利益。可是，你先前也說過，施陶芬貝格上校刺殺希特勒的舉動在道德上是說得過去的，怎麼會這樣？畢竟，希特勒也有生存的利益……

「違反某個人的意願去殺害對方」絕對都是嚴重的惡行，只有在最極端的緊急情況下——只有如此才能阻止更大的惡——這種舉動才能被合法化。施陶芬貝格上校的行為滿足了這種極端條件，因為以當時的局勢來說，唯有透過幹

掉「領袖」，才有可能顛覆納粹所建立的「領袖型國家」
（Führerstaat）。

要是刺殺希特勒的行動能夠幸運得手，千千萬萬人的生命將
獲得拯救，也因此，施陶芬貝格與其同夥的行為是合法的。

那麼，出於緊急防衛而殺人，情況又是如何呢？

這同樣也是在道德上合法的特殊情況，「最終救援射擊」也
同樣適用。在人質遭到挾持的情況裡，如果這是解救受害者
唯一的辦法，我們就能採取所謂的「最終救援射擊」，射殺
挾持者。

然而，「同等利益平等考量原則」卻無法讓死刑合法化。因
為，無論是基於復仇，或是「不想白養惡貫滿盈的罪犯」這
種社會經濟利益，都不足以與囚犯在個人生存上所享有的利
益相提並論。

**如果生存方面的利益所佔有這麼高的分量，那麼人工流產又是什
麼樣的狀況呢？我們不是該把未出世孩子的生存利益，看得比母
親不想要這個孩子的意願更重嗎？當然這並不是我自己的立場，
只是按照目前的邏輯來看，基於「同等利益平等考量原則」，如
果宗教界的反墮胎人士宣稱，人工流產無異於「謀殺」，好像得
同意他們是對的……**

如果「胚胎」或後來的「胎兒」是個獨立的「個人」的話，
我們確實就必須「同等地」對待他們的利益與婦女的利益，
但實情卻並非如此！胚胎在著床時只不過是一個細胞群，
細胞群完全沒有具有任何感受的能力。從懷孕的第八週起，
雖然大腦已經有首批的神經細胞形成，不過到懷孕的第十八
週，中樞神經系統幾乎尚未與身體的其他部位相連。一直要

到懷孕的第二十週起，大腦皮層才會開始發育，「經驗」要透過大腦皮層才能被儲存起來。到了懷孕的第三十四週，發育雖然大部分都已完成，只不過這時胎兒同樣還不能算是一個獨立的個人。

為何不算？

因為胎兒這時還不具備「個人自我意識」，因此也不具備超越一隻雞所具有的「單純生存本能」的「真正生存利益」。基於這項理由，將母親的利益與胎兒或胚胎的「利益」等量齊觀，是不合理的。特別是懷孕初期的人工流產，這時墮胎反對者提出的道德異議是無效的；因為，我們為什麼該為了消除一個既不知痛苦、也不知快樂的細胞群懷有道德疑慮呢？

所以說，「人工流產無異於謀殺」這條公式是無稽之談囉？

是的。如我所說的，謀殺指的是在違背某人的意願下，出於卑鄙的動機故意殺害此人。然而，在人工流產的情況裡，根本沒有任何「個人」受到損害，因此在這個脈絡下論「謀殺」，是沒什麼道理的。

你剛剛還說，在懷孕初期進行人工流產，比懷孕晚期進行更無疑慮，這是為什麼？

因為隨著胎兒的發育，他的感受豐富性也會跟著成長。雖然胎兒在晚期的成熟狀態裡，依然還不是一個「個人」，卻可算是「有感受能力的生物」，我們就必須考量他的「利益」。因此，如果有位女性到了懷孕晚期想要進行人工流產，那麼就必須得有重要的原因才能支持她這麼做，例如繼續妊娠會危害到她的性命。

在這種情況裡，一邊是清楚意識到自己存在的個人，另一邊則是雖能感受痛苦、但體驗能力仍然十分有限的生物，這兩者的利益相互衝突。只是無論如何，在感受的豐富性上，胎兒其實還遠不如一隻普通的家豬。

等、等一下，這是指比起一個未出世的孩子的利益，我們應該更看重一隻豬的利益？

要是能讓那些狂熱的「反墮胎人士」意識到，他們吃得津津有味的火腿麵包，原料是取自比人類胎兒更具有意識能力與感受能力的生物，應該會是件不錯的事！

言歸正傳，關鍵在於，如果我們認真看待「同等利益平等考量原則」，就不能只是因為某一方是「非人物種」就忽視牠們的利益！澳洲哲學家彼得・辛格（Peter Singer）曾就權利的觀點，將「物種歧視」（speciesism）拿來和「性別歧視」及「種族歧視」相提並論。正如我們因為一個人的膚色或性徵而藐視其利益是違法的，我們也不該基於物種理由去歧視其他的生物。

所以你認為，我們應該平等對待人類與動物囉？

不，我們應該「平等對待」的只有「同等的」利益。一個人類的生存利益當然不會和一隻在半夜裡吵得他無法入眠的蚊子屬於同樣的等級。如同我們在胚胎與胎兒的例子裡所見到的那樣，一個生物具備怎樣的意識能力與感受能力，這在道德上至關重要。雖然我們不該對任何生物造成不必要的傷害，不過，殺死一隻昆蟲，和殺死一隻能以與我們類似方式感受到快樂和痛苦、更高等的脊椎動物，還是有很大的不同。

所以在道德上，能夠「感受快樂和痛苦」的動物的利益，必須特別受到考量。

正是。我們必須承認，動物並非人類能夠毫無顧忌、隨意使用的物品，特別的是那些已具有某種「自我意識」、從而具有某種「個人生存利益」的動物。所以，誠如「大猿計畫」（譯註：Great Ape Project，1993 年由彼得‧辛格等專家所發起的動保運動，呼籲各國停止以類人猿物種當實驗對象）在《大猿宣言》（*Declaration on Great Apes*）中所要求的那樣，諸如黑猩猩、倭黑猩猩、大猩猩等，都應該享有絕對的「生存權利」，可以享有個體的種種自由，免受身心折磨。

以人猿來說，許多人肯定能夠接受這種看法。反之，如果所涉及到的是考量豬或牛的利益，情況恐怕就完全不同了。我還是不太明白，從「同等利益平等考量原則」是否得出了「禁止殺害較高等的脊椎動物」這種結論？這樣基於道德的緣故，我們是否都該變成素食者呢？

事實上，有許多道德上的好理由支持我們過奶蛋素甚至是全素的生活，只不過，同樣也存在許多反對論據。舉例來說，我們不應該忽略從生物條件來看，人類其實是種「雜食動物」。人類的腦容量在演化過程中顯著增加，這得歸功於人類大量消費「精煉的」動物性蛋白質和脂肪。因此，如果孕婦、兒童或青少年單純只攝取植物性的飲食，就會造成健康問題。不過，大腦只要成熟到一定的程度，放棄動物性的飲食倒是不會有太多疑慮。

所以說，如果一個非孕婦的成年人吃肉，而且不是非吃肉不可，他這麼做就是不道德的囉？

在以前我會對這個問題直接了當地回答：「是！」不過我如今對這一點卻有所保留。因為，為何「剝奪一個根本沒有意識到自己存在的生物的存在」這件事該受到譴責呢？我認為「不道德」的部分應該是與肉品製造有關的程序，對這些具有感受能力的生物，我們施加了其實可以避免的痛苦。我們也不應該在完全不符其需求的生存條件下飼養牠們，因此應該禁止將雞隻關在多層鐵絲籠裡飼養的狀況。

工業化養豬的情況更是特別可怕。豬其實是非常聰明、非常敏感的生物，無論如何，我們絕不應該讓牠們活得這麼悲慘！遺憾的是，只有極少數人意識到，豬其實擁有與靈長目動物類似的認知能力。

這麼說來，「蠢豬」這種說法一點也不正確囉？

是的，這種說法完全不符合事實！比方說，豬遠比牛來得聰明與善感，牛的大腦其實並沒有特別發達，所以在飼養豬隻時，我們必須要有更高的道德要求。也許有朝一日我們會認識到，人類原則上不應該為了享用豬肉而去殺豬，就好比德國人已經逐漸接受「捕殺鯨魚」是應該受譴責的。

可是，如果我們再也不吃豬肉，豬難道不會淪為瀕臨絕種的動物嗎？因為不把豬弄成肉品，人類幹嘛還要大量養豬？

沒錯，這也是批評素食主義的人士不時會提出的論點。在十九世紀時，英國作家萊斯利・史蒂芬（Leslie Stephen）曾寫道：「豬應該會比任何人都要在意培根肉的供給需求。如果人人都是猶太人，或許根本就不會有豬了。」史蒂芬當然也可以把「猶太人」改寫成「穆斯林」或「素食者」。

之所以有那麼多的豬（光是在德國就有將近兩千七百萬頭

豬），確實是因為大部分的人都不是猶太人、穆斯林或素食者，所以這是種自相矛盾的情況：豬之所以活著，完全得要感謝想要取其性命的人！但是，我們難道就要基於這個道理，而去假設「豬會比任何人都要在意培根肉的供給需求」嗎？這個論點頂多只在一般豬隻的「豬生」是快樂多於痛苦的情況下才算合理，然而，在工業化的飼養條件下完全不是這麼回事！

這是不是代表，我們不必然得從「同等利益平等考量原則」得出嚴格的素食主義這種結論，但卻可以得出應當減少肉品消費？

說得好！素食主義在道德上當然是「合法的」（這也符合我個人的偏好），但在道德上絕對不是「不得不然的」，不過減少肉品消費倒也真是不得不然的。如果我們要以符合動物需求的方式進行飼養，就不能夠再常態性消費這麼多的肉。我們得要改去攝取別的食物，但這絕不是什麼世界末日。

沒錯。但是我不禁要問，有多少人願意基於道德的理由放棄美味的肉排呢？你所說的關於「同等利益平等考量原則」的一切，聽起來都很有道理，只不過這是否真的足以促使人們改變自己的行為呢？如果遵循這項「同等利益平等考量原則」可能會對自己的生活不利，人們到底為什麼要接受這項原則呢？

這下子妳提到了哲學的核心問題之一，那就是：究竟為何我們應該根據道德標準來過生活？妳指出，光只是確認一項道德原則是否合理或理性，根本就不夠——妳說得完全正確。唯有當一個這樣的原則符合我們的利益，也就是我們實踐那項原則的「利」多過於「弊」，它才具有行為的重要性。

這樣一來就必須說明，「同等利益平等考量原則」是符合我們利

益的，但是要怎樣說明呢？

　　讓我們以普遍的殺人禁令為例：身為一個人，妳在「不被他人在違反妳的意願下殺害」這件事情上當然具有利益。

當然，我並不想被人殺害，不過純就理論而言，如果殺害他人對我是有利的，幹嘛要因此放棄可以殺掉他人的權利呢？

　　很簡單，因為妳恐怕無法在社會上貫徹「除了莉亞・索羅門以外，沒有人可以殺人」這項規則。如果每個人都擅自為自己保留殺害他人的權利，殺人禁令恐怕很快就會瓦解，而這也將會與妳的利益相牴觸。換句話說，「可以殺害他人」的潛在好處，是小於「取消殺人禁令」所造成的損害，所以就這點來說，我們就能表明接受「同等利益平等考量原則」，是非常可能有益於個人利益。

OK，就殺害他人這件事情來說，我是可以理解的。不過，若就殺害或折磨動物來說，我們的論證就必須另闢蹊徑吧？照剛才的道理，就算大家都擅自跑去虐待動物，身為人類的我也不必擔心有什麼損害。

　　說得沒錯！既然如此，為何妳不力挺大家應該去虐待動物呢？

這問題很笨耶，我當然不樂見動物受苦啊！

　　這就是了。這顯示出我們必須擴張我們對於「利益」的理解。我們的行為並非只會出於「利己」（只考量自己的利益）的動機，同樣也會出於「利他」（將他人的利益一併納入考量）的動機。

　　在一般情況下，人類是具有同情心的生物，我們會藉由感受到的快樂或哀傷，去參與別人的甘與苦。叔本華甚至認為，

這是所有倫理學的基本前提，我也認為他是對的。如果無法對別人主觀的體驗抱有同感，我們根本就不會去為各種道德問題傷腦筋。

所以說，我之所以不樂於見到動物受苦，原因在於如果我察覺到牠們的痛苦，我自己也會感到痛苦……

是的，透過這種能夠設身處地理解他者的情感能力，別人的甘苦就會化為我們自己的甘苦。因此，在避免會引起自己和別人的痛苦這件事情上，我們同樣具有利益的。如此看來，「同等利益平等考量原則」無非是人類這種「感同身受」能力所得出的理性結果。由於我們在情感上能夠置換到他人的立場，我們也就能夠想像，萬一自己處在對方處境裡會是什麼樣子。

由這種「他者的視角」出發，我們就會希望對方的利益也能像自己的利益一樣獲得公平的考量。「同等利益平等考量原則」所要求的，無非就是這樣。

OK。但你也得承認「轉換觀點」有時是很困難的，對象是身邊那些親切、和善的人倒還好說，但如果是我們根本就不認識的人，或是犯下重大惡行的罪犯，情況又是如何呢？我也很難想像要怎麼轉換成一隻雞或一隻豬的觀點，然後根據那個立場去判斷，我們應該如何考量哪些利益。

我們當然比較容易對周遭的人培養出同情心，所以也難怪《聖經》裡會說「愛你的鄰人如己」，而非「愛你的遠親如己」！儘管如此，在人類的發展過程中，我們倒是可以發現一種「利他感受的接收圈逐漸擴大」的趨勢（雖然這當中穿插了某些恐怖的崩壞，像是在納粹時期）。

起初，道德的感受幾乎只侷限於自己的宗族，接著擴大到社會的子族群，後來再慢慢擴大到一個社會的所有成員，最後則擴大到智人這個物種的所有成員（例如聯合國的《世界人權宣言》〔Universal Declaration of Human Rights〕就是一個例子）。為何我們要畫地自限，不把「同等利益平等考量原則」擴及其他的生物呢？我承認，要轉換成「非我族類」的立場，確實不是件容易的事。可是，如今我們對於其他動物的能力和需求已經掌握了充足的資訊，了解某些高度發展的動物，其實具有和人類一樣的基本情感，牠們也能感受到快樂與痛苦、歡喜與哀傷。當然，我們無法一一對牠們「感同身受」，但是也不該昧著良心說：「我完全想像不出來一隻豬在肉品工廠裡煎熬度日是什麼感覺耶！」

我其實也是這麼認為的，但還是想問，從你剛剛所說的那些話，我們應該得出什麼結論？我們之所以按照道德原則來行為，說穿了是因為「同情」，反過來說，會有不道德的行為就是缺乏同情。這樣的話，不道德的行為與其說是「理不理智」的問題，倒不如說是跟情感有關的問題？

我並不會在理智與情感間做這麼一刀兩斷的區分，畢竟「情感」會受到我們的認知影響，反之亦然。不過，整體來說我贊同妳的看法，如果我們能更有同理心，整體社會無疑可以變得更公道，在這樣的前提下，我們或許也能發揮出隱藏在人類這種「裸猿」身上真正驚人的潛力。因為，誠如演化生物學家史蒂芬・古爾德所說的，人類基於其生物秉性，不僅有能力成為特別聰明的動物，更有能力成為特別友善的動物。

真的嗎?! 那麼人類在歷史發展過程中，真的是徹底埋沒了這樣
的天賦！

　　沒錯。只不過，我們為何那麼少發揮友善的天賦，這又是另
　　一個主題了。如果妳願意的話，明天我們不妨就來聊聊這
　　個。

────────────────────────────●

　　「**什麼是正義？**」直到近代為止，宗教始終主導著這個問題
的答案。在過去，「正義」就是符合「神的律令」，因此殺害所
謂的「女巫」就不會被認為是不對的事情，畢竟耶和華曾在《出
埃及記》第二十二章第十八節裡明白表示：「行邪術的女人，不
可容她存活。」（這邊簡介一下耶和華的來歷：距今將近三千五
百年前，在外約旦一座名為耶和華的山脈的山腳下，有個弱小的
部落「催生」了做為「山神」的耶和華。後來耶和華躍升為「以
色列的神」，如今祂則以基督徒的「天父」和穆斯林的「阿拉」
聞名於世。）

　　到了十七世紀，「正義觀」的世俗化過程逐漸展開，從原本
「上帝規定的正義秩序」，轉變成「社會契約」的觀念。這種觀
念是由霍布斯（Thomas Hobbes，1588～1679）、洛克（John
Locke，1632～1704）和盧梭（Jean-Jacques Rousseau，1712～
1778）等幾位哲學家所發展出來，到了二十世紀，則由美國哲學
家羅斯（John Rawls，1921～2002）做出更精確的闡釋。

　　「社會契約」觀念的基礎是，道德或政治的價值不是由某個
「更高的權威」賦予人類的，而是社會成員彼此為了自身利益所
議定，在某種程度上，「社會契約論」的理論家其實引用了伊比

鳩魯的一個想法。伊比鳩魯不把「正義」視為「神明」或「自然」所賦予的「客觀美德」，而是把它視為「主體之間的協議」，這樣的協議有個好處，就是人與人之間不會互相傷害。

唯有當社會規範攸關某種「個人與社會的利益」，那些社會規範才能被接受，這種信念到了十九世紀初受到了「功利主義」（utilitarianism，源自於拉丁文的「utilitas」一詞，意即「利益」）的哲學流派所強化。英國哲學家邊沁（Jeremy Bentham，1748～1832）與穆勒（John Stuart Mill，1806～1873）可說是這個流派的兩大宗師。邊沁與穆勒指出，道德規範並不是「自己本身」有效，而是只有在滿足「能夠促成最大多數人的最大幸福」這個前提下才有效。基於這項原則，他們得出了遠遠超越他們那個時代的一些思想成果，像是要求包括「婦女選舉權」在內的「普選」（在大多數的歐洲國家裡，一直要到第一次世界大戰之後才落實這一點）、「廢除死刑」（德國直到第二次世界大戰之後才跟進，美國則是一直尚未跟進）及「同性戀合法化」（德國直到一九七〇年代才實現）。

由於這些「不得體的要求」，邊沁和穆勒很快就在宗教和保守派的圈子被罵成是「無神論者」與「民主主義者」（在那個時代，這是罵人的話）。就連在（多半是由保守勢力所主導的）德國的大學辦學理念中，他們也未被認真對待，導致了種種副作用影響至今。

讓功利主義者「惡名昭彰」的，不只是因為他們是民主、女權主義、反種族主義及法治國家保障的種種自由權利的開路先鋒，更是因為他們「瘋狂」到致力於謀求動物的權利！像是邊沁就曾在法國大革命期間寫道：「法國人已然發現，皮膚是否黝黑

並非是可以任意虐待此人的理由。或許有朝一日人們也會認識到，腿的數量、外表的毛羽或骶骨末端是否有尾巴，同樣也不是讓一個有感受能力的生物遭逢悲慘命運的理由。構成這道界線的到底是理解的能力，還是言語的能力呢？完全發育成熟的馬或狗，都遠比幾日、幾週甚至幾個月大的嬰兒更有理解與交際的能力。然而，就算情況不是這樣，又有什麼關係？問題並不在於牠們能否理智地思考或能否說話，我們所要問的其實是，牠們會不會感到痛苦。」

在這個段落裡所埋藏的「爆裂物」，時隔兩百年，在澳洲哲學家彼得・辛格將邊沁的論點系統化之後，整個引爆出來。沒有哪本哲學著作像辛格的《實踐倫理學》（*Practical Ethics*，1979 年時以英文出版）那樣，在二十世紀末引發了一場憤怒風暴。遺憾的是，反對人士往往扭曲了辛格的論述，比方說，他要求提升動物的權利，被人曲解成「試圖貶抑人類的基本權利」。他從人道主義出發的「安樂死合法化」論點，被批評者曲解成「不人道地呼籲社會殺害殘障者」。

「反辛格」運動後來甚至誇張到，教會代表、政治運動者和記者居然汙衊他是納粹口號的代言人，完全無視辛格真正的立場和背景：這位哲學家反法西斯主義，傾向左派自由主義，他的祖父母曾在集中營裡被謀殺。在經過一些大規模的抗議後，辛格再也無法踏進德國。當時只有極少數人有勇氣對抗這股瘋狂，性平主義者愛麗絲・史瓦茲（Alice Schwarzer），一九九四年在雜誌上發表〈我的朋友辛格〉這篇文章，展現出過人的勇氣，不過雜誌的編輯部卻也隨即遭到民眾報復性的攻擊。

就連德國社會哲學家諾伯・荷爾斯特（Norbert Hoerster），

也因為在安樂死與胚胎保護的問題上得出了與辛格類似（但不完全相同）的結論，而遭到猛烈的抨擊。儘管荷爾斯特針對「以利益為基礎的倫理學」提出了細膩的論述，卻沒什麼用，因為抗議人士多半只透過傳聞「認識」他的作品，民眾對他的仇視最終居然更演變到，他被迫放棄美茵茲大學的教職，提前在一九九八年退休。

我們不禁想問，這種反對邊沁、穆勒、辛格或荷爾斯特等理性的倫理學家的非理性仇恨，究竟是從何而來？是否只是宣傳機器所帶來的成果？或者，這背後其實還隱藏了些什麼？勞倫斯‧柯爾伯格所發現的存在於道德論證模式之間的差異（參閱先前的對話內容），在這當中是否扮演了關鍵角色？畢竟，不管是邊沁、穆勒，抑或是辛格、荷爾斯特，他們無疑都是「後習俗的思想家」，因此它們的論點遭到停留在「習俗」思維裡的民眾反對，其實不足為奇。一個人若是停留在道德發展的第四階段，並不會把後習俗的想法視為「進步」，而是視為「道德的沉淪」。

雖然我們很容易理解民眾反對「後習俗」思維的原因，但這樣的狀況還是漸漸造成問題。因為，生物倫理學（bioethics）一些亟待解決的問題，例如能否允許基因治療、是否該允許治療性的生物「複製」技術等等，這些都無法再以「習俗」的思維方式來回答。我們迫切需要的「後習俗」解答，在德國除了諾伯‧荷爾斯特以外，主要的推手還有狄特‧比恩巴赫（Dieter Birnbacher）與法藍茲‧韋茲（Franz Josef Wetz）等哲學家。如果我們能夠採納他們深思熟慮的建議，或許能避免許多不必要的痛苦，創造更符合正義的生活條件。

只是這是否能在可預見的未來實現呢？恐怕不能！因為有

太多的決策者無法擺脫傳統習俗的束縛，二十一世紀的政治將依然是由傳統主義者所主導，這些人只會期待來自外約旦的三千五百歲山神，為我們這個時代迫切需要解決的問題提供解答……

聰明絕頂的英國數學家、哲學家暨諾貝爾文學獎得主伯特蘭·羅素（Bertrand Russell，1872～1970）早已明白點出，擺脫「習俗」階段的道德觀，對於社會進步有多麼必要。在〈為何我不是基督徒〉（Why I am not a christian）一文裡（其靈感來自於穆勒），羅素寫道：「一個美好的世界需要知識、善良和勇氣，它不需要對過去的痛苦憧憬，也不需要讓古早以前無知人們的話語，對自由的智慧施加束縛。」早在八十多年前，羅素就已經提出強烈的警告，要我們小心「反對文明進步與改善世界問題的異議人士」。遺憾的是，這句警告箴言居然到現在都還非常適用。

為何人們總是
那麼殘忍？

昨天你曾說，人類具有成為特別聰明友善動物的天賦。如果是真的，為什麼我們人類往往還是那麼殘忍呢？問題難道只出在「環境不良」嗎？你應該不會認為「人性本善」，只是社會環境把我們弄「壞」。

當然，我並不這麼認為，這種說法其實也不太合理，因為如果「人性本善」，我們天生就愛好和平、公正、具有關懷之心、團結，為何還會產生一大堆不公正、不團結、好戰等「壞事」呢？十八世紀浪漫主義者提出的「能夠跟自己和自然和諧共處」的「高貴的野蠻人」，這種想法完全違背了各種科學資料。早期的人類並非處在一種「祥和安逸的原始狀態」，事實上，他們得要辛苦地為生存而奮鬥。當然各地都會有食物充足、可以讓人活得輕鬆一點的環境，不過大多數的情況裡，資源總是非常吃緊，這也導致了族群內部和族群之間的分配衝突。在這類族群衝突中，經常會上演最慘烈的場面，因為贏家通常不會只滿足於笑納輸家的家當，他們很可能還會強暴婦女，殺害她們的丈夫和小孩。

這真的很可怕！但你是對的，這種行為並非最先出現在人類身上。你的前一本書《善惡的彼岸》，裡面就有一章提到「猩猩的戰爭」的事情。

咦，妳怎麼會讀那本書？妳當時不是說太難了？

嗯，在我們對話的過程中，我忽然想到，好像可以試著回頭去翻翻那本書。有趣的是，我現在不覺得那本書有那麼難了。昨天我讀「猩猩的戰爭」那一章，甚至覺得滿精彩的！那一章讓我了解到，所有我們覺得殘忍或不道德的行為，其實同樣也以某種方式存在於自然界中。

確實如此。如果我們自以為很特殊，完全是大錯特錯！其他動物也早已存在著詐騙、竊取、搶奪、勒索、剝削、奴役、強暴等行為，甚至還有殲滅性的戰爭，例如坦尚尼亞的卡薩雷卡黑猩猩群，從一九七四年到一九七七年發動了殲滅卡哈瑪黑猩猩群的戰爭，一直到公的卡哈瑪黑猩猩全數滅絕，整起戰事才落幕。

我覺得你的書確實合理寫出，人類身上其實擁有遺傳自演化過程、做出可怕或不道德行為的天賦。不過，你是怎麼得出，我們還具有「友善的特殊天賦」這樣的結論？

這當然也是演化的一項遺產。就像我昨天提到的，人類的特殊之處就在於我們是具有同情心的生物，有能力對別人「感同身受」。這種能力是在演化過程中發展出來，並且深植於我們的大腦。近年來的研究顯示，「鏡像神經元」（mirror neuron）在過程中扮演了重要的角色。

什麼是「鏡像神經元」？

顧名思義，這種神經細胞所要做的就是，「反映」出我們觀察到的別人腦袋裡所發生的神經元活動。透過這樣的方式，我們會產生主觀的印象，認為自己也受到「觀察到的活動」所影響。舉例來說，妳自己被針刺到手指時，會刺激腦袋裡的痛覺受體（nociceptor），但是就連妳看到我被針扎到手，

妳腦袋裡的痛覺受體也會有所反應。

不過，如果我只是在旁邊看熱鬧，一定比較不會覺得痛。

沒錯！我們腦袋無法百分之百模擬出他人的感受。「自己挨打」一定跟只是當個旁觀者不一樣，又或者妳中了大獎，那種高興的感覺也絕對跟妳很高興朋友中獎不同。妳應該還記得，我們先前的對話中有講過類似的事，當時是討論到我們可以「借用」他人的感受，例如把自己和某位電影主角連結起來。

對耶，我記得是在講「幸福」的那段對話！當時你試著要我打消躺在沙發上過頹廢生活的念頭，因為人必須親自動起來，才能體驗真正的幸福感。

對，我當時說「二手的幸福」，說穿了也只不過是真實幸福的虛擬版。這下子我們也就知道問題出在哪裡：我們的大腦雖然能夠模擬他人的感受，但這種「模擬」無法達到相當於親身體驗所具備的「情感強度」。其實也是件好事，不然我們就無法區別人和自己了。

不過一般說來，這種模擬的感受還是足以讓我們不會故意去傷害他人，這也是一種人類基於自己的利益，會去避免的「惡」。

「他人的痛苦」和「自己感同身受的痛苦」對某些人似乎沒有影響，否則要怎麼解釋，有些人能毫不在意對其他人做出殘忍的事？不過，在討論這個問題之前，我還對另外一件事情感興趣。我不懂，這種「鏡像神經元系統」到底是如何能夠在演化中勝出？為什麼從演化的角度看來，顧慮他人的利益會是有益的？如果有個生物完全不鳥其他人的感受，別人過得怎樣干他屁事，這

樣在繁衍的競爭上不是更有優勢嗎？

乍聽之下似乎很有道理。不過，妳難道會想要選一個完全不在乎妳感受的人，來當朋友甚至是性伴侶嗎？

當然不會！

這就是了！百萬年前的直立人女性與男性同樣也這麼認為。一個人若是肆無忌憚地忽視族群裡其他成員的利益，他很快就會在社交上遭到孤立，具有的只是選擇劣勢。演化並非只是涉及到「競爭」，更涉及到「合作」！做為社會性生物，我們並非只會相互對抗，更會相互合作，藉以滿足需求。在這當中，鏡像神經元系統展現了極高的效能，幫助我們去評估：他人會有什麼感受，他人對於刺激會有何反應，他人究竟是焦慮、勇敢、輕鬆還是憤怒的，在緊急情況下我們能否仰賴他們……等等。

好，我明白擁有察覺他人感受的能力確實是有益的。是否只有人類發展出鏡像神經元系統，還是別的物種其實也有？

鏡像神經元並非人類的專利，人們首先是在普通獼猴（Macaca mulatta）身上發現這種系統，後來也在其他的靈長目動物身上發現。在黑猩猩、倭黑猩猩和人類身上，這種鏡像神經元系統無疑是最發達的。原因很簡單：一個個體如果想在複雜的群體結構中存活，他就需要高度的「社會智力」。在「短短」兩百萬年裡，直立人祖先的腦部之所以能快速發展，很有可能正是出於這個理由。

我一直以為那和早期人類越來越頻繁使用工具有關。

嗯，直立人在這段「漫長」的時間裡，工具技術上的進步其實非常少，人類的腦容量肯定不會只是因為這樣而大幅增

加。腦部增長對於「社會智力」的進步特別重要，隨著時間過去，直立人在社交上越來越聰明，越來越能好好互相評估，進一步好好合作。「改良過」的鏡像神經元不僅能讓他們產生更強烈的團結感，更促使他們不斷提升最終奠定「人類」這個物種成功的能力——透過精準的模仿來學習。

黑猩猩雖然也能藉由模仿成功的行為模式互相學習，但沒有任何動物表現得比人類更好！要是妳問我，相較於其他動物，人類在生物條件上有什麼特殊之處，我會說：人類可說是最善於模仿的猴子！這是我們的強項。

善於模仿到底有什麼了不起呢？

因為它是所有人類文化成就的基本前提！如果沒有這種精準模仿的能力，或許就沒有任何人類的語言、文字、藝術、宗教、哲學、法制、廣播、電視、任天堂遊戲機……

為什麼？

妳不妨想一想，幼兒是怎麼學習說話的，如果沒辦法準確模仿發音，根本無法做到；就連學習文字，同樣也需要擁有精準複製書寫行為的意願與能力。鏡像神經元讓我們一出生就具備這些特質，不僅會模仿在他人身上觀察到的情感，還會模仿他們的行為。

如果妳看著一個人跳遠，妳也會自動在腦袋裡跟著跳起來，因此我們可以單純透過觀察來學習，讓鏡像神經元在腦中進行練習。這讓人類成了具有強大學習能力的物種，也解釋了為什麼我們與黑猩猩的差異，會比生物學上的預測來得更大。

這是什麼意思？

是這樣的，人類與黑猩猩在生物條件上的差異其實非常小。根據研究估計，我們的基因有百分之九十八到九十九與黑猩猩的基因相同，但人類與黑猩猩卻活在截然不同的兩個世界。只不過在五萬多年前，這樣的差異倒還沒有那麼明顯。雖然當時的人類就生物條件而言，並不會比我們笨到哪裡去，不過他們在生物條件上相對於黑猩猩所具有的優勢，卻尚未展現出它該有的分量。這是因為，要讓人類這種模仿學習的特殊能力發揮出來，首先得要有夠多能夠被模仿的文化資訊，然而過去有很長一段時間並沒有這樣的條件。

智人存在將近二十萬年的歷史裡，有大約十九萬年是過著狩獵與採集的生活，直到過去的一萬年裡，文化才開始加速發展。隨著所謂的「新石器時代革命」（neolithic revolution），說得更明白一點，就是隨著人類轉為定居，不但出現了社會結構更複雜的大型聚落，更出現語言和數學的符號系統，它們徹底改變了我們的思維與感受。從那時起，人類與黑猩猩的生活世界就漸行漸遠，「複製能力」這一項生物條件上的微小差異，最終居然造成了巨大的文化差異。

OK，現在我比較清楚，為什麼人類天生具有成為「特別聰明友善的動物」的天賦。但問題是人類好像經常忘了這種天賦耶？該如何解釋人類從過去到現在所做出的殘忍行為呢？為何某些人會對受害者毫無憐憫呢？

這有部分是因為，行為者的神經元移情能力失調。美國有項研究顯示（這項研究綜合了十七個針對超過六百名罪犯所做的研究），特別暴力的罪犯毫無例外地都有腦部異常的現象。這些人感受不到對受害者的同情，因為他們根本沒有能

力產生同情心。

但這一定不適用於所有做出殘酷行為的人！我們都知道有些最心狠手辣的納粹黨人，對待自己的子女可是充滿愛心，而且私底下也是非常彬彬有禮、和藹可親。

妳說得沒錯，如果只是把殘酷的行為歸因於腦部異常，那就過於簡化這個問題。就連健全的、具有移情能力的人，也可能做出極為殘忍的事情，只不過，他們往往沒有意識到自己給他人施加了痛苦，因為這些痛苦隱藏在「抽象化的面紗」後面。

這又是什麼意思？

讓我們以轟炸機飛行員為例。在第二次世界大戰期間，有超過上百萬的平民百姓不幸喪生於大規模空襲中。民眾在地面上被燒死或被倒塌建物壓死的痛苦，身在空中的飛行員一點也感受不到，因此這些痛苦對他們來說是「抽象的」。對於負責將猶太人送進滅絕集中營的阿道夫・艾希曼而言，他大多數的時間也是這麼過的。雖然艾希曼是個狂熱的反猶太主義者，百分之百相信所謂的「最終解決方案」（Die Endlösung）──「徹底滅絕歐洲的猶太人」這樣的暴行，不過他之所以能夠如此輕易履行「謀殺義務」，主要是因為他通常只接觸一些數字和姓名，對於隱藏在背後那些活生生的人，幾乎未曾親眼見過。然而，有一次艾希曼親自前往奧斯威辛集中營考察，見到自己共同造成的那些慘劇，他也不禁昏倒，差點就要在全體官兵面前嘔吐。在回程中，他甚至必須喝下大量的酒來麻痺自己。

我現在了解「抽象化的面紗」會妨礙一個人意識到自己做了殘忍

的事。但還是沒有說明，為什麼站在最前線的人沒有任何同情心？難道那些毫無顧忌將男女老幼送進毒氣室的集中營看守者，全部都是精神病患或虐待狂？

不。從這些人所留下的日記，我們得知其中有不少人也是有著強烈的內心掙扎，特別是他們剛到集中營報到的時候。只不過隨著時間過去，他們多半都歷經了某種情感鈍化的過程，於是謀殺逐漸成為司空見慣的例行公事……

到底為什麼他們能夠一起去做這樣的事？他們一定有意識到這根本是個完全泯滅人性的系統！

妳恐怕低估了群體壓力的重要性，還有納粹意識形態所產生的種種特殊效應。人們具有「社會投機主義」的傾向（有一部分得歸因於人類發達的鏡像神經元系統），也就是人們很容易屈從於所屬群體的規則。在納粹恐怖統治時期裡，情況也是一樣，「服從」可說是當時公民的最高美德，只有極少數的人敢勇於違反「領袖原則」，因為對大多數人來說，這樣的抗命必須付出非常慘痛的代價。

此外，當時猖獗的「基督教反猶太思想」，再加上納粹意識形態，嚴重洗腦了大多數的人，他們根本無法把這種顯而易見的不公義視為問題，甚至還把參與「滅絕猶太人」當成一件「正義的好事」。

可是，怎麼有人會覺得殺害無力自衛的人是件「正義的好事」呢？

很簡單，如果不把受害者當人看，而是把他們當成「人形惡魔」，也就沒什麼困難了。在納粹時期，人們從小就被灌輸這種致命的概念，納粹童書《毒菇》（*Der Giftpilz*）便是其

中的一個例子。這本書講的是一位媽媽帶著兒子小法蘭茲去採菇的故事，她向小法蘭茲解釋，為什麼絕對不能把好的蘑菇和長得很像的「毒鵝膏」（Amanita phalloides，毒性極強的一種毒菇）搞混。反應很快的小法蘭茲隨即表示：這就像是猶太人，他們乍看之下貌似好人，事實上卻是心腸狠毒，只會加害真正的「好人」。媽媽對於兒子能有這番見識感到十分驕傲，她接著就說：「正如一顆毒菇就能毒死一家子的人，一個猶太人也能滅絕一整個村子、一整個城市，甚至於一整個民族！」

一個人如果是讀這樣的故事長大，恐怕很難對那些殉難的猶太人寄予同情，他或許還會認為，一起來消滅這些「好人的敵人」是種「神聖的義務」。

你的意思是說，納粹真的把自己看成「道德英雄」，自認為是對抗「邪惡」的「良善」守護者嗎？

正是如此，所以他們一點也沒有意識到自己的所作所為不對。遺憾的是，這種「我們是正義的一方，要和惡勢力來對抗」的思維，至今依然十分氾濫。妳只要去看看中東的情況，例如伊斯蘭組織哈瑪斯跟以色列之間的血腥衝突，或是去看看賓拉登領導的「蓋達組織」（Al-Qaeda）等國際恐怖組織的自我定位，就會明白了。

人們若是以「善良」的一方自居，就會去合理化自己對付「邪惡」的種種極端行徑。因為他們認為眼前的政敵再也不是帶有恐懼、希望、願望和夢想的「人」，而只是「敵人」、「恐怖分子」、「異端」、「惡魔的傀儡」。對方一旦被這種方式「去人性化」，人們就不再需要對他們賦予任何同

情，反感和衝突就會整個急遽升高；在動物界裡也能觀察到類似的現象。

你所指的是卡薩雷卡黑猩猩與卡哈瑪黑猩猩之間的戰爭嗎？

是的。黑猩猩專家珍·古德（Jane Goodall）把這種情況說成是將對手「去黑猩猩化」，發動戰爭的黑猩猩確實不把牠們的「敵人」視為同類，而是視為「獵物」。可悲的是，在大多數的人類文化裡也都建立了類似的「雙重標準」，我們對待自己所屬族群的成員，態度截然不同於對待其他族群的成員。「關愛與我關係近的，仇恨與我關係遠的」，這兩者往往相伴而行。有句名言忠實地反應出了這種現象：「如果你不想做我的兄弟，我就打爆你的頭！」〔譯註：這句話出自舊時德意志帝國總理伯恩哈德·馮·比洛（Bernhard Heinrich Karl Martin von Bülow）。〕

如果這種行為方式可說是人類的天性之一，我們真的能夠克服嗎？

當然可以！雖然這種「敵友模式」可以用文化的方式來強化（例如納粹時期），卻也同樣可以用文化的方式來消弭（例如二次世界大戰後歐洲的狀況）。我們得拋棄這套「善惡對抗」的遊戲，只是很遺憾，這個遊戲在「回教世界」與「西方世界」的衝突中，再度演變到非常具有威脅性的程度。

「對手是壞人」這種詆毀總是最能夠合理化，為什麼我們不把他們當人看。我認為「區別善惡」在締造更和諧的世界這件事情上，其實是弊遠大於利。

如果我們不再區分善、惡，到底該如何做出合乎道德的決定呢？

舉例來說，我們可以遵循昨天提到的「同等利益平等考量原則」。如此一來，重點就不在於事物本身是「善」還是

「惡」，而是在於某種行為是否以不恰當的方式傷害了他人的利益。

可是「以不恰當的方式傷害他人的利益」，這種行為還是「惡」，不是嗎？

不，它是「不好的」、「不公平的」、「不合理的」，在某些情況下甚至是「殘忍的」，但它不是「惡」。帶有宗教色彩的「惡」所指涉的概念，遠遠超過前述這些替代用語。唯有當人們假定：第一，存在著「惡本身」，第二，人們可以出於「自由意志」選擇這種「惡」，它才有意義。

然而，我們前面已經討論過這兩種假定其實都是錯覺，幾乎可以完全肯定，並不存在「闇黑的勢力」，同樣也不存在由「神明」或「自然」客觀授予我們、絕對的「善的價值」。相反地，我們其實是相互「協商」出那些規範生活的價值。至於第二個假定，我們前面也討論過，根本不可能有這種「奇蹟」。因此，這種以「善」制「惡」的道德觀非常自以為是，也完全不可取！

OK。不過我擔心你奪走了「好人」在道德上超越「壞人」的可能性，好人肯定會很不爽！

妳說得沒錯，比起我所寫的宗教批評文章，我的這種哲學觀點，恐怕會讓某些人更抓狂！不過我倒認為，揮別道德主義反而十分有利於我們對世界做出道德的觀察。

當我們放棄「善」或「惡」這類模糊不清的道德概念，才能真正自由地著眼於倫理學應該關注的事情，那就是為利益衝突尋求合理的、對所有受影響的人都公平的解答。可惜，道德性的憤怒往往阻礙我們做出在倫理學上合理的決定。

道德和倫理學究竟有何不同？我一直以為這兩個用語意思是差不多的。

日常生活中我們經常會把它們當作同義詞來用。不過在哲學討論裡，會把「道德」（moral）理解成「所體驗到的道德感受」，至於「倫理學」（ethic）指的則是，對這種「道德感受」所做的「批判性反思」，我個人正是以此來區別倫理學與道德。

所以當我說，一個人若是採取「道德式」思考，那麼他就是從「所體驗到的道德感受」的「習俗」出發。這個人之所以會拒絕某種行為，主要是因為在既有道德觀念的背景下，這種行為不合乎規矩。反過來說，一個人若是採取「倫理學式」的思考，就會憑著批判性的反思，脫離這種道德感受的習俗階段。他不會因某種行為本身「不道德」而進行譴責，他只會在某種行為不合理地傷害其他人的利益時，才提出批評。這也代表，某種行為如果沒有損害到任何人的利益，從「倫理學」的角度來看，根本就沒有理由批評，就算這種行為高度違背了社會的「道德」觀念。

你想說的是：到了道德發展的最高層次，人們根本不再採取「道德式」的思考，而是採取「倫理學式」的思考，因為這時人們會批判性地去質疑「所體驗到的道德感受」。

正是！我們可以從「性道德」與「性倫理學」上的差異看出區別。從「倫理學的觀點」來看，一個人是否自慰、擁有異性戀或同性戀伴侶、進行肛交或口交、是否喜歡 BDSM、擁有一個或多個性伴侶……等等，這些一點也無關緊要。只要沒有以不可接受的方式損害到他人的利益，這些行為在道

德上絕對是合法的。

然而從「道德的觀點」看來，情況則完全不同。對於道德主義者來說，不管是否損害了他人的利益，某些行為本身就是「不道德的」或「惡的」。這往往會帶來嚴重的後果，因為在衛道者擁有話語權之處（例如在信奉伊斯蘭教的國家裡），衛道者們會相信自己必須窮盡一切力量阻止所有「不道德的行為」。例如，在伊朗一直都還會將同性戀者處死；在某些地方，「通姦者」會被公開鞭打，甚至讓人用石頭活活砸死。這類殘酷的行徑當然沒有倫理學上的理由，有的只是出於所謂「神聖的」道德習俗的憤怒。所以我們如果能克服這種道德主義狂熱，將會非常有益於建立一個更人道、更自由的社會。

歐洲在這方面其實也有所作為，不是嗎？

是的。目前歐洲也是唯一一個全面不再禁止成人間同性戀行為的大陸，但我們其實也是不久之前才達到這種文化狀態。過去西德還曾在一九五〇到一九六九年期間，起訴了將近十萬名同性戀者，其中更有近五萬人因為任意發展自己的性傾向遭到判刑！直到一九七〇年代，德國進行了大規模的刑法改革後，這種駭人聽聞的事情才逐漸落幕。這項刑法改革，可說是邁向更自由的社會極為重要的一步，因為這項改革與法律大舉地「去道德化」有關。

這是什麼意思？

這項改革貫徹了「倫理學的觀點」，也就是法律的審判與一個行為是否「不道德」無關，重要的是這個行為是否傷害了其他的「法益」（換言之，法律所保護的其他利益）。在這

股新思維中，先前左右法律意識的那些「道德條款」消失了，其中包括所謂的「男性間淫亂」（刑法中的「反男同志條款」）、通姦的刑事責任、散佈猥褻文字（連世界文學作品也得接受審查）、介紹相親等等。

「介紹相親」是犯法的？讓兩個適合的人湊在一起是有什麼大不了的？

四十多年前的人可不這麼認為。在一九六○年代，如果有人把房子借給一對未婚情侶，讓他們在裡頭「翻雲覆雨」，這個人就可能會被以「淫媒」論處。德國聯邦最高法院在一九六二年時還曾表示，「未婚夫妻之間的性交就是淫亂」，提供房屋幫助這種「淫亂」的行為，在刑法上必須以「淫媒」訴究。順道一提，如果父母允許十七歲的女兒和男朋友在家裡一起過夜，同樣也滿足「淫媒」的處罰要件。

哇哩咧，這樣我們兩個很有可能都會被抓去關耶！

就是說啊！所以我們都得好好感謝前西德總理——威利·布蘭特（Willy Brandt）領導的社會自由主義政府，不僅在一九七○年代廢除了「淫媒」條款，更將「淫亂」這個「不可說」的概念從刑法裡刪除。這樣的舉動當然惹得許多宗教保守勢力很不爽，一直到今天，在衛道者眼中，當年所達成的進步簡直就是「西方沉淪的開始」。然而，每個不帶先入為主成見的看官應該都能明白，在一個現代、根據倫理學原則建立的法制系統裡，根本就沒有「淫亂」之類道德概念的容身之處！

歷史上那些道德「純潔者」所造成的災禍，恐怕完全不亞於所有道德「汙穢者」所造成的災禍，你認為呢？

是的，有許多證據能夠證明這一點。不妨想想獵巫與西班牙宗教裁判所的時代，想想納粹統治的時代，想想二十世紀的反同性戀聲浪，或是第二次世界大戰後「基督教育幼院」裡那些在最高道德要求下被毆打、羞辱的兒童。一個人要是高喊「紀律與秩序」，通常真正指的都是「懲罰與服從」，這種行為方式與人文主義的原則，以及開放社會的價值在根本上是矛盾的。

「**對於宗教所做的批判，終結於『人是對人而言最高的存在』這樣的理論，終結於『推翻人類身處其中是種被貶低、被奴役、被遺棄、被蔑視的存在的一切條件』這樣的絕對命令。**」馬克思以這句話描繪出了人文主義（humanism）的中心思想；這是一種以個人利益與尊嚴為取向的理念，要對抗所有基於膚色、性別、國籍、教育程度、社會出身、性取向、宗教信仰等因素形成的歧視。

在所有的時代和世界各地都有人文主義的思想。像是生活在西元前五世紀左右的古中國哲學家墨子，當年就已提出一套博愛的哲學觀點。不過，誠如「humanism」〔這個字是源自於拉丁文的「humanus」（意即「人性的」、「人道的」）與「humanitas」（意即「人性」、「人道」、「人情」）〕一詞所示，「古典的人文主義」與古羅馬有著特殊的聯繫。在這當中，最重要的當屬賦予「humanitas」這個概念最初面貌的古羅馬政治家、律師暨哲學家西塞羅（Marcus Tullius Cicero，106～43）。西塞羅所認為的「humanitas」，不僅是追求政治正義與相互尊重，更是一種人

與人有修養地相互融合的理念。在西塞羅看來，人性並非人類與生俱來的，而是必須透過教育才能獲得。教育才能使一個人有別於動物，成為「真正的人」。

隨著基督教的崛起與羅馬文化的沒落，由哲學家塞內卡（Lucius Annaeus Seneca，1 ～ 65）及傳奇的數學家、天文學家暨哲學家希帕提婭（Hypatia，370 ～ 415）接續發展的人文主義教育理念也跟著淪喪。「全面性的教育」讓位給「盲目的信仰」，所有牴觸基督教學說的論述一概都得消除。受到波及的不只有所謂的「異端」書籍（在短短一百五十年內，將近百分之九十九的上古文學都被銷毀），就連思想過於自由奔放的人也難逃災禍（有「上古時期最聰明的女性」之稱的希帕提婭，就在西元四五一年被一群基督教暴徒以私刑處死）。

在歐洲，由於宗教摧毀異教知識所造成的文化停滯，一直要到「文藝復興」（renaissance，意即「重生」）時期才逐漸解凍。十四世紀晚期，人們開始重新發掘上古時期的文化珍寶，文藝復興時期的人文主義者，如薩盧塔蒂（Coluccio Salutati，1331 ～ 1406）、鹿特丹的伊拉斯謨（Erasmus von Rotterdam，1466 ～ 1536）和菲利普・梅蘭希通（Philipp Melanchthon，1497 ～ 1560）等人，讓西塞羅的教育理念重獲世人關注。就連在戲劇裡，上古時期的個人自由觀念也重新活躍起來，這點尤其反映在莎士比亞（William Shakespeare，1564 ～ 1616）壯麗的舞台劇中。

不過，再也沒有比曠世奇才達文西（Leonardo da Vinci，1452 ～ 1519）的作品，更能有力地證明，文藝復興是如何促進文化的進步。達文西並非只在藝術方面有著卓越的成就，就連在科技、建築、哲學及自然科學方面，同樣也都有過人的成績。

由達文西所體現的文藝復興人文主義，主要是一場試圖接續上古傳統的教育運動，促成了十七、十八世紀的「新人文主義」。從一七五〇年起，這股思潮同樣在德國展開，諸如名聲響亮的作家萊辛（Gotthold Ephraim Lessing，1729～1781）、歌德（Johann Wolfgang von Goethe，1749～1832）、席勒（Friedrich Schiller，1759～1805）與威廉‧洪堡（Wilhelm von Humboldt，1767～1835）等人，都是其中的代表人物。如同文藝復興時期的人文主義者，新人文主義者也視上古文化為通往典範人性的王道。

直到與十八、十九及二十世紀的各種解放運動相結合（例如勞工運動、婦女運動、學生運動、同性戀運動等等），新人文主義才發展成「思想上屬於現代的」、「解放的」或「激進的」人文主義。在發生了美國獨立與法國大革命等歷史事件後，人文主義已獲得更清晰的輪廓，英美作家湯瑪斯‧潘恩（Thomas Paine，1737～1809）在其中發揮了重大的影響。早在一七七五年，潘恩就撰寫一篇頗具煽動性的反奴隸制文章，這篇文章後來促成美洲第一個廢除奴隸制社會的建立。一七七六年一月，他發表了著名的論戰文章〈常識〉（*Common Sense*），呼籲美國獨立、制訂一部民主憲法、保障在美洲大陸上的人權；不久之後，這些要求全被湯瑪斯‧傑佛遜（Thomas Jefferson，1743～1826）等人起草的《美國獨立宣言》所採納。

潘恩也跟傑佛遜一樣力挺法國大革命。傑佛遜在巴黎擔任外交官期間曾參與過法國《人權和公民權宣言》（*Déclaration des droits de l'homme et du citoyen*）的起草。至於潘恩，則是藉由《人的權利》（*Rights of Man*）一書，將激進的人文主義思想更進一步地散播到法國和美國以外的地方。直到將近兩個世紀後，一九

四八年十二月十日，在聯合國的《世界人權宣言》通過下，才總算達成目標。

有趣的是，無論是潘恩還是傑佛遜，他們都是機構化宗教的猛烈批評者。曾在《理性的時代》（The Age of Reason）一書中重砲轟擊基督教的潘恩，直言不諱地表示：「世界是我的家園，行善是我的宗教。」曾擔任美國總統的傑佛遜則表示，機構化的宗教是一種暴政，「它給人類帶來了巨大的苦難，為超過十到十二個世紀的歷史帶來了許多暴行，它顯然不應涉入統治」，藉此來說明自己為何會推動的嚴格政教分離。

擁護這類自由思想觀點的先驅，也包括勇敢的婦女運動倡議者。在諸如奧蘭普・德古熱（Olympe de Gouges）等女權主義者的努力下，原本僅限男性行使的人權限制觀點才終於逐漸獲得鬆綁。綜觀來說，許多人文主義者都是拒宗教於千里之外，這點絕非偶然。因為會在十八、十九世紀支持民主、人權、自由與平權的人其實都心知肚明，他們得要挺住從宗教界那裡吹來的強烈逆風。一些最重要的民主理論作品，像是盧梭的「主權在民」說，或是孟德斯鳩（Montesquieu，1689～1755）針對行政、立法、司法的「三權分立」說，之所以會在發表後迅速登上天主教的禁書名單，不是沒有原因的。

就連人權，在過去很長一段時間裡，也被居領導地位的神學家妖魔化成無理的要求。在他們看來，「人是萬物的尺度」這種想法根本就是褻瀆上帝，因此直到一九六一年（！），教廷方面才勉強承認人權概念。只不過，教廷的態度大轉彎跟承認自己的錯誤無關，只是想要給世人一種他們始終站在解放與民主運動這邊的印象。把人文價值當成「基督教價值」來行銷甚至蔚為風潮，

搞得好像人文主義與宗教之間的對立從來不存在一樣。

這種「神學的人文主義轉向」，啟發天主教神學家漢斯・昆（Hans Küng）推動「世界倫理計畫」（Projekt Weltethos），他理想中的世界倫理奠基於「所有宗教都包含人道精神」的假設之上。他認為，所有宗教道德的核心，都是要求人道地對待每個人、放棄暴力、創造團結的生活條件、培養寬容的態度、幫助男女建立良好的伴侶關係。如果漢斯・昆的假設是對的，這絕對十分有益於促成沒有戰爭、沒有弱勢者遭到壓迫的世界。然而人們或許會說，這太美好了，好到不可能是真的！

心理學家暨宗教評論家法蘭茲・布格爾（Franz Buggle），在《因為他們不曉得自己信的是什麼》（*Denn sie wissen nicht, was sie glauben*）一書中，對基督教倫理學所做的分析，可以輕鬆套用到所有其他的宗教上。如果我們想在每個宗教各自的「聖經」裡看出「人道」，就得要透過選擇性閱讀才可能達成。雖然所有的宗教確實都隱含自由派信徒可信仰的元素，只可惜裡面仍充斥著對人類的蔑視，以及最荒謬的錯誤想法。因此，宗教得先徹底「清除廢物」，才有資格去推動符合人道的「世界倫理計畫」。

就連人文主義的人類概念，在過去的數十年裡也歷經了一番大整修。傳統上，人文主義是從人類與動物、文化與自然、心靈與身體的嚴格對立出發，然而在演化生物學的種種新知下，這種古典的區分逐漸產生問題，人文主義的想法與自然科學的知識似乎越來越背道而馳。多虧了演化生物學家暨人文主義者朱利安・赫胥黎（Julian Huxley，1887～1975），這兩種觀點才得以再度相互調和。赫胥黎提出了「演化人文主義」（evolutionary humanism），這種觀點以十分巧妙的方式，將人文主義的解放

思想與演化生物學的經驗人類觀結合在一起。

雖然赫胥黎是現代演化理論的共同奠基者，也是聯合國教科文組織的首任總幹事，在全球享有極高的聲望，但他所提出的「演化人文主義」起初幾乎不為人所接納。這是因為過去有很長一段時間，人文、社會科學家與自然科學家彼此都不太願意合作。如今，有越來越多哲學家會從事演化生物學與大腦科學方面的研究，同樣地，也有越來越多自然科學家會提出一些哲學的問題。

赫胥黎的「演化人文主義」因此變得更有吸引力，因為它提供了適合的框架概念，有助於消弭自然科學與文化科學之間的鴻溝，此外還結合了一些超越過去的倫理學要求。「演化人文主義」不僅反對「社會達爾文主義式」的濫用（「過度適者／強者的權利」），也反對基於膚色、性別、國籍、教育程度、社會出身、性取向或宗教信仰對人的歧視，而且還反對古典人文主義那種對其他生物所做的原則性貶低（「物種主義」）。

雖然人文主義對於宗教所做的批判，依然終結於「人是對人而言最高的存在」這樣的理論，不過時至今日，「絕對的命令」再也無法光靠「推翻人類身處其中是種被貶低、被奴役、被遺棄、被藐視的存在的一切條件」這樣的前提就能成立。要是人類所創造出的條件同樣讓「非人類的生物」受苦，那些條件也必須被改變！一個身為「裸猿」的人，如果只因自己褪去了體毛、戴上了手錶，就自以為是比較優等的生物，那麼他顯然連演化人文主義的皮毛都不懂。

我們應該
更寬容嗎？

我有一種感覺，你之所以不喜歡那些「衛道者」，主要是因為他們對待所有想法不同的人往往非常不寬容。

是的，妳說得沒錯。

所以這表示我們應該學著更寬容？

對也不對。寬容是啟蒙運動帶來的良好價值，妳應該聽過法國啟蒙哲學家伏爾泰的一句名言：「我並不同意你的觀點，但我誓死捍衛你說話的權利。」

我有聽過這句話。

這句話有可能並非直接出自伏爾泰之口，不過倒是很漂亮地顯示出啟蒙的寬容思想，那就是：即便他人的信念與行為方式完全和我的觀點背道而馳，我還是必須忍受他人的信念與行為方式。

在經歷數百年對「異端」的迫害之後，這在歐洲確實是深具革命性的思想，為了讓它能在政治上獲得實現，自然又得歷經一番艱苦的奮鬥。順道一提，在這個脈絡下，「宗教改革」曾經扮演了一個重要的角色。雖然馬丁・路德本身絕非什麼寬容魔人（他其實也曾對猶太人、「女巫」、「異端」和起義農民發出可怕的攻擊），不過他對天主教機構高舉的「絕對真實」與「絕對有效」提出質疑，也為「寬容」議題賦予了新的政治面向，因為原本定於一尊的教會，分裂成兩大基

督教宗派：天主教徒與新教徒。

這兩大宗派之間的緊張局勢，很快就演變成慘烈的戰爭衝突，到了一五五五年，才好不容易借助《奧格斯堡和約》（*Augsburger Reichs- und Religionsfrieden*）讓它們短暫落幕。當時分別支持天主教與新教的諸侯協商出一條著名的妥協方案：「**在誰的領地，就信誰的宗教（*Cuius regio, eius religio*）**。」這可說是史上第一個（還不成熟的）「寬容」：諸侯雖然還不能接受讓自己的臣民有信仰自由，但諸侯之間總算願意寬容不同的信仰。

如果我歷史課沒有太混的話，我記得這份宗教和約沒有維持很久？

是的，神聖羅馬帝國到了一六一八年就爆發三十年戰爭。這場戰爭造成了近三到四百萬人喪生，換算起來大約是當時總人口的五分之一！在替這場殘酷戰事劃下句點的《西伐利亞和約》（*Westfälischer Friede*）中，除了天主教與路德的反對教派以外，由茲文里（Ulrich Zwingli）與喀爾文（Jean Calvin）所領導的改革反對教派，同樣也獲得了平權的承認。諸侯因此有更多機會去練習寬容，這同樣適用於帝國直轄城市裡的居民，後來也自然發展出啟蒙的寬容思想。在一七四〇年時，普魯士國王腓特烈二世曾用一句相當漂亮的話道出這樣的思想：「每個人都該依照自己的想法來過活。」

一七四〇年的人就已經能做到「每個人都該依照自己的想法來過活」了嗎？

當然沒有！這還需要花上兩個世紀的光陰。基本上，一直要到二十世紀末，大約就是妳出生那時候，歐洲的社會寬容才

慢慢達到可以實現這種理想的程度。之前說過西德曾迫害同性戀者，這個國家當時在國際評比上已經算是相當自由的，但是到一九六〇年代晚期，卻還是累積了近十萬件反同性戀者的刑事追訴。在一九八〇年代，德國民眾基本上是無法接受前柏林市長克勞斯・沃維雷特那樣的出櫃聲明：「我是同性戀，這也挺好。」（譯註：沃維雷特於 2002 ～ 2014 年擔任柏林市長，在 2001 年選前因為這句出櫃宣言而聲名大噪。）

簡直難以想像！不過，話說回來，如果我沒有搞錯的話，你目前一面倒地在歌頌寬容。可是先前對於我們是否應該更寬容，你的回答卻是「對也不對」。

沒錯，這有兩個原因：有時寬容是不夠的，有時寬容又太過分了。

你說的到底是什麼意思？

讓我們先從第一種情況說起。歌德曾經寫道：「寬容應該只是一種暫時的態度，它必須促成認可。忍受代表著侮辱。」

不是很懂，當我「忍受」的時候為什麼這樣就是種侮辱？

如果妳只是一味「忍受」，這對妳來說是種「負擔」，歌德所要點出的就是「寬容」與「接受」的不同。我來稍微解釋一下這兩個概念。「寬容」（toleranz）一詞是源自於拉丁文的「tolerare」，可以翻譯成「忍受」、「挺住」、「熬過」或「忍耐」。所以寬容指的是，能夠忍受不同存在或不同行為令人心煩、不安的能力。

「接受」（akzeptanz）則是完全不一樣的意思。拉丁文的動詞「accipere」有「接受」、「接納」、「贊同」的意思。當妳「接受」了，就不只是被動「忍受」或「寬容」，而是

主動「同意」些什麼——即使所接受的那些事情妳一點也不想套用在妳自己的生活中。

你能不能舉個例子？

沒問題！我是一個喜歡香草布丁、討厭甘草棒棒糖的異性戀者。如果有人覺得甘草棒棒糖比香草布丁更好吃，或是性取向更偏好同性戀，我不會只是「寬容」他們的選擇，而是會毫不猶豫地「接受」。

「寬容」也代表「忍受某種假想的負擔」，所以「只是寬容」同性戀者，而不「接受」他們，是一種未啟蒙的思考方式！因為，如果別人以有別於我的方式去享受性，這到底為什麼對我來說該是一種負擔呢？

同意。不過一定有什麼事物，你個人也會覺得那是負擔，所以只能寬容卻無法接受，不是嗎？

當然。有時也會有些好理由，使得我們無法原汁原味地「接受」某些想法或行為，只能「忍受」它們。因此，身為一個具有人文主義啟蒙思維的人，我雖然能夠「寬容」有些信徒認為地球只有六千歲，但無法「接受」（或說「贊同」）這種瘋狂的想法。

你說得有道理。但「只是寬容」這些信徒的觀點，難道不就等於你在侮辱那些信徒？

是沒錯。或許某些信徒會覺得，我們在本書中的對話是種巨大的侮辱，但難道我們就應該乖乖閉嘴，從此不再討論宗教問題嗎？當然不是！受辱畢竟不是論據。如果我們已經以盡可能清楚、不模糊的方式去談論宗教的「事實」，許多人還會自動覺得受辱，代表他們就是無法承受別人用質疑的態度

去侵犯他們心目中神聖、不可侵犯的事物。

如果有人指責你一點也不尊重他人的宗教情感，你會如何應對？

這種事情在過去經常發生，很多人說我是「好戰的無神論者」、「宗教仇敵」，有時甚至還叫我「猶太豬」。有趣的是，使用這些字眼（甚至還有更骯髒版本）的那些人，居然強烈控訴我對信徒「缺乏尊重」，我覺得他們根本沒想過「尊重」一詞到底是什麼意思！

所以這個詞到底是什麼意思？

「尊重」（respekt）源自於拉丁文的「respectus」，意思是「回頭看」、「顧及」，指的是對另一個人的行為或信念懷有恭敬、敬重的態度。身為人文主義者，要去尊重一個「身為人」、信仰極度虔誠的人，對我來說一點都不困難。只不過，在我看來有許多「人類的行為或信念」卻是一點也不值得尊重！這一點特別適用於「企圖以暴力來消滅批判性的檢驗」這種信念，例如逮捕或處決「背教者」或「異議者」。我同樣也認為，對那些荒謬的信仰內容懷有恭敬的態度或許是錯的。然而，對於被困在這種妄想裡的「人」，我卻是尊重的。如果我因為擔心他們會感到受辱，就不去批評他們的想法，就等於把他們當成小孩來對待，認為無法指望他們能夠接受「完整的真相」。這絕對是毫無尊重可言的做法！我寧可以尊重的態度待人，明明白白地講出自己無法同意的事情。

所以，你認為取笑那些信徒所抱持的信念，是尊重他們是人的表現囉？

我對宗教的批評雖然聽起來不太順耳，但確實是我尊重那些

信徒是人的表現。不過，我並沒有「取笑」宗教信仰，我只是明白指出它們最終會得出什麼荒謬的結果。會有這樣的結果，原因並不在我身上，而是出在信仰內容本身。

哈哈，許多信徒肯定不以為然。在你眼裡是「荒謬奇怪」的事，在他們眼裡可是「極為嚴肅」而且「神聖」的。

沒錯，那些極度虔誠的人往往對幽默特別感冒，因此遇到有人以幽默的方式揭露信仰的可笑之處時，他們才會有那麼大的反應。幾年前發生的「《日德蘭郵報》穆罕默德漫畫事件」，就顯示出這會造成什麼樣戲劇性的後果，這起事件導致全球各地狂熱的穆斯林徹底失控。光是在二〇〇六年二月，就有一百三十九人被殺，八百二十三人受傷，這當中不乏攻擊者覺得自己完全是對的。不幸的是，他們更間接受到西方社會權威性代表人物的支持。

雖然西方的政治人物與評論者大多強調言論自由與新聞自由的崇高價值，但他們同時也對漫畫家以這種「沒有品味的方式」來傷害信徒們的「宗教情感」，表示遺憾。我覺得這才是真正的醜聞，所以得說清楚講明白來抵禦這樣的觀點。

不然西方人到底該如何回應這場憤怒的抗議呢？

我們應該要力挺那些漫畫家，而不是懦弱地與他們切割，置他們於更危險的境地。世人應該說清楚，那些暴力的抗議行為恰好證明了，這些以「伊斯蘭基本教義派」和「暴力」為主題的漫畫，有多麼寫實與有必要。人們甚至應該不斷發表新的漫畫，直到伊斯蘭基本教義派的每個人都認識到，開放社會不允許用武力行動來勒索！

你是認真的嗎?!

是的，這不僅具有政治效應，還具有療癒效應。宗教界的幽默恐懼症，跟其他的恐懼症一樣，都只有透過這種針對性的「面對討厭的刺激」才能治癒。就像有個人因為害怕地下室的蜘蛛而不敢進去，他只有在接受「暴露療法」學到蜘蛛並沒有那麼可怕之後，才可能擺脫這種恐懼。同理，覺得自己會被諷刺漫畫傷害的人，應該一直去接觸諷刺漫畫，直到了解人其實是可以忍受這樣的圖畫，人生不會因此變黑白。

當然，信徒們不必去「贊同」、「接受」那些諷刺信仰的漫畫，但他們應該學著去「寬容」、「忍受」它們。這是「文明」中極為重要的一課，如果我們尊重那些宗教的基本教義派信徒是人的話，就應該讓他們上這堂課。

可是，這樣的態度難道不會使漫畫爭議越演越烈嗎？

是很有可能。一開始，幽默恐懼症人士的攻擊性會加劇，不過就長遠來看，這樣的後果會比我們懦弱退讓所造成的危害小很多，因為退讓會讓激進的伊斯蘭信徒詮釋成「頹廢的西方人」沒有骨氣的明證──雖然這樣的詮釋也不全然是錯的。

這些基本教義派的缺乏寬容，反而會因為我們對其「受傷的宗教感情」給予錯誤的尊重而獲得強化，有了這個美妙的經驗，將來在遇到類似情況時他們會繼續採取類似的行動。不過或許也沒這個機會了，因為現在所有的漫畫家、雜誌社和出版社都會再三考慮，自己到底還要不要再發表諷刺伊斯蘭教的漫畫或文章。

所以在漫畫爭議之後，我們已經在自己的腦袋裡設置了「內在審查機構」，而它會阻止我們去行使憲法所保障的自由？

正是！由於尊重了一個（任何會思考的人根本不能去尊重的）錯誤信念，於是我們犧牲掉了一塊自由，不僅背叛了自己，也背叛了數百萬、數千萬每天都受到伊斯蘭神權獨裁的壓迫的穆斯林與非穆斯林人士。所謂的「文明衝突」（clash of civilizations），並非只存在於「伊斯蘭的東方」與「基督教的西方」兩者之間。真正的衝突其實是發生在思想自由的人與基本教義派之間，而「所有的」宗教與思想裡都存在著這兩種人。

也就是說，由於我們在漫畫爭議裡退讓了，所以也背棄了思想自由的穆斯林嗎？

沒錯。有些住在伊朗的虔誠穆斯林，他們看了穆罕默德漫畫其實也發出會心的一笑，甚至還不顧危險，偷偷拷貝那些漫畫在朋友之間傳閱。我們不去支持這些思想自由的人，卻去強化反動勢力，甚至還允許伊斯蘭的政治人物趁著漫畫爭議的風波，在聯合國人權理事會中通過「全球禁止公開詆毀宗教的決議」。

代表從此以後，我們再也不許在聯合國人權理事會面前，批評宗教對人權造成的侵害，例如根據伊斯蘭教法典對婦女執行石刑——未來這樣的批評抗議會以「詆毀宗教」為理由而駁回！

簡直令人難以置信……

很遺憾的是這是真的！這也顯示出了，在寬容原則走得太超過之處，我們絕不該表現出一絲一毫容忍的態度。絕對要釐清的是，我們不必寬容任何對人權的侵害，不管這樣的侵害是不是以宗教為由，全都無關緊要！我們不能夠容忍，宗教

以某種方式凌駕於法律之上，就連「神聖價值」的代言人也必須服膺人權準則。如果他們不這麼做，我們就必須制止！

所以，寬容是有限的。

當然，「無限的寬容」本身也會是一種矛盾。這點同樣也顯示在工程語言裡對「toleranz」（允差）一詞的使用上，技術人員將「toleranz」定義成「允許偏差的額定尺寸」，所以「toleranz」指的是偏離標準狀態，但尚不至出問題的「轉圜空間」。

舉例來說，假設某個工程系統裡，一個小輪子的正常值為一〇·五公分，若是超過上限臨界值一〇·七公分，或是超過下限臨界值一〇·三公分，都會出問題。所以在這個系統裡，小輪子的允差就是四毫米。基本上，在社會系統裡情況也沒有什麼不同，同樣也存在著某種框架，定義什麼可被允許或不可被允許。

只不過，不同的社會對這樣的框架設定也會有顯著的差異吧？

當然！在像伊朗的神權獨裁這種類法西斯系統裡，容許的框架要比自由民主的國家裡窄得多。我們這裡存在著那麼多不同的意見，某些意見雖然讓人難以「接受」，但我們卻必須「寬容」，而這也挺好的！因為，誰說我們的意見就一定是對的？唯有透過亦敵亦友的意見衝突，一個社會才能繼續成長，因此「文化多元」也是非常重要的社會資源──哪裡欠缺這項資源，那裡的文化就會停滯不前。

我們當然也不能忽略，確實存在某些有害開放社會繼續成長的態度。只要它們還單純停留在意見的形式上，那就沒有什麼問題，因為思想是自由的，就連非理性也是自由的！然

而，一旦這些意見發展成明顯違反人權、自由的法律，就逾越了寬容的界限，我們就必須出手干涉。我們不能寬容「不寬容」，因為如果給予自由的敵人太大的自由，我們的自由很快就會遭殃。

OK。所以我們不應該不計任何代價更為寬容，而是必須仔細看清什麼是我們能寬容的，什麼則否。

沒錯。不計任何代價的寬容是件很荒謬的事，說句比較難聽的：張開雙手歡迎所有人，簡直就是腦袋少根筋！不幸的是，確實有些人認為「寬容所有的一切」是開明的表現。一個會這麼想的人，通常就是把「寬容」與「無知」（ignoranz）混為一談。

又是一個拉丁文……

是的。「ignoranz」源自「ignorantia」（意即「無知」、「愚蠢」）這個名詞，指的是沒能力或不樂意去理解重要的事實。某些貌似「寬容」的人，事實上只是「無知」，因為他根本沒有察覺到自己可能必須承受的負擔。

相反地，真正的寬容則是需要對事實的認識。在我們能夠理性決定某些事情是否能被忍受甚至接受之前，我們得先知道，它們究竟會牽涉到些什麼。無知者會避免花功夫好好把事情研究一番，他們只會把自己的無知當成寬容來行銷，這往往會造成很致命的後果……

怎麼說？

無知型寬容的座右銘「自己活也讓別人活」，會導致許多人丟掉性命！這點適用於「宗教宣傳的無知」所掩蓋的恐怖後果。舉例來說，人們完全視而不見在過去十年裡，奈及利亞

有成千上萬的兒童被當成「女巫」或「男巫」來迫害、肢解、腐蝕或焚燒；請注意，這可是被基督徒福音教派的傳教士所煽動的，他們的「傳教工作」在德國居然還被認可為「符合公益」！

我們對於世界經濟系統的後果普遍無知，這也是極為可怕的一件事，這個系統每天奪走了千萬人的性命，更對環境造成災難性的破壞。光是我們的無知，就有可能促使我們這些富有同情心的生物，只知道去「寬容」這些可怕的狀態，而非竭盡全力地消除它們。

所以，對抗無知是讓世界變得更好的一個重要前提囉？

是的。如果我們無法打破無知的高牆，就只能將追求「更好的世界」這個美夢束之高閣。

「夢想一個更好的世界」或許是個不錯的主題。我們明天的最後一場對話就來談這個吧？

這樣的題目其實足足可以寫上一整本書！不過，妳說得沒錯，我們是該至少聊一聊這個主題，否則的話，我們在哲學花園的漫步將會遺漏非常重要的東西。

「『尊重宗教情感』這種廢話跟寬容一點關係也沒有，它若不是宗教宣傳的一部分，就是已經變成『識時務者為俊傑』這種怯懦表現的一部分。這幫助『愚蠢』一再取得勝利。」

就在所謂的「漫畫爭議」（二〇〇六年二月）燒到最高點時，諷刺作家維格拉夫·德洛斯特（Wiglaf Droste）說出了這樣一段清醒的話。對於宗教狂熱分子，德洛斯特曾在筆記本裡寫道：「沒

有什麼善與惡之間的戰爭，有的只是聰明和愚蠢之間的戰爭。」在傳播媒體的大環境中，他可算是一個值得誇獎的例外，因為大多數的評論者都喜歡扮演「基本教義派達人」的時髦角色，他們雖然原則上拒斥暴力行為，卻也對信徒們「受傷的宗教情感」給予「最深刻的理解」。

這種膽小怕事的態度，不僅德洛斯特完全不以為然，就連漫畫家拉爾夫·柯尼斯（Ralf König）也無法苟同。柯尼斯的作品《男人放輕鬆》（*Der bewegte Mann*）和《恐怖保險套》（*Kondom des Grauens*）等等，對於同性戀的解禁有著重大的貢獻。誠如柯尼斯在某個專訪裡所坦承的那樣，他對於「這種溫吞、道歉和『我們也必須反省一下，我們能夠容許多大的新聞自由』的態度」很是生氣。他不只呼籲人們應該更堅決捍衛民主的價值，也針對漫畫爭議畫了八幅諷刺漫畫。在其中一幅作品裡，他藉由寬鬆的罩袍（burka）服飾，表現出「意見多元、新聞自由和諷刺感」的概念。在另一幅作品裡，則畫了「西方的價值及寬容的代表」跪在一位伊斯蘭教士面前，為言論與新聞自由道歉，但這位教士卻一臉不滿地說道：「那麼你們的幽默感呢？誰為你們的幽默感道歉呢?!！」

有史以來，「幽默感」一直是讓宗教和政治的統治者特別頭痛的問題，原因就在於，滑稽、詼諧具有強大的顛覆力量。「破壞權威」是幽默的基本原則之一。英國哲學家赫伯特·史賓塞（Herbert Spencer，1820～1903）曾以「降階的不一致感」（descending incongruity）這個概念來表達幽默的本質。在史賓塞看來，當兩種不一致的信息相遇，其中一種信息故意把另一種信息往下拉，就會產生幽默。

當信息 A 與信息 B 的差異越顯著，幽默的效果就越大，這也正是宗教一直以來為諷刺作品提供源源不絕的好點子的理由。我們很難在別的地方找到像宗教這樣的情況，在標舉的理想與下流的日常之間，有著如此顯著的矛盾。

宗教或政治的捍衛者對「充滿幽默的諷刺」看不順眼，其實不足為奇。因為沒有什麼比諷刺更能把那些虛無飄渺的想法拉回現實，並讓高高在上的權威走下神壇。對此，尼采曾經寫道：「殺人的不是憤怒，而是歡笑。」這位「手持錘子的哲學家」說得沒錯，如果有什麼是能夠消除恐懼與屈從的，那就是解放人心的笑聲。因此，當代的哲學家彼得‧斯洛特戴克（Peter Sloterdijk）之所以會寫道，「典型的狂熱分子會在幽默裡見到敵人，因為幽默會壞了『討戰的片面性』的好事」，這點絕非偶然。

歷來的統治者，往往都以嚴懲「對君主不敬」或「褻瀆神明」的條款，來回應幽默的顛覆力量。直到今日，衡量一個社會的自由程度最好的標準就是，在一個社會中諷刺作家享有怎樣的揮灑空間。一個真正的「開放社會」，不單只是能夠容忍（寬容）諷刺的批評，更是能夠藉此創造得以讓這樣的批評，蓬勃發展的文化溫床（接受）。以飾演「豆豆先生」聞名的英國喜劇演員羅溫‧艾金森（Rowan Atkinson），曾經相當漂亮地指出這一點，他說：「冒犯的權利要遠比不被冒犯的權利來得重要。」

如果我們能夠認識到，一個開放社會的「主流文化」主要是種「辯論文化」，就不難明白為何會如此。這樣的社會並不要求個別的社會成員，去思考、相信、盼望同樣的事情，事實上是在促成讓不同立場相互碰撞的社會競技場，並從中得到力量。透過這種自由、具有建設性的意見衝突，一個社會才能有所進步。不

過前提是，個別的社會成員得要學著以文明的方式去面對「意識形態受傷」，對於那些「更高的、宗教的真理」的代表來說，這點顯然是特別困難的功課。

　　這種情況同樣也反映在將「脆弱的宗教情感」置於「古蹟保護」之下這種非常常見的策略。在「宗教受辱」這種偽論據背後，隱藏了一種當代哲學家漢斯・阿爾伯特（Hans Albert）貼切地描述為「批評免疫」（Immunisierung gegen Kritik）的策略。誠如阿爾伯特所點出的，正是那些害怕錯誤遭到揭發的人，特別善於把「錯誤的陳述」包裝成「神聖的」、「不容置疑的」和「無可指謫的」，藉以逃避批評。

　　這種宗教策略在人類的歷史上造成了巨大的苦難，甚至直到今日，仍有許多恐怖的犯行得歸咎於此。我們不該繼續根據宗教裁判所的名言「你要不就相信這個，要不就相信那個」來行事，而該學著把批評視為禮物。唯有如此，我們才能夠在人類（如同在漫畫爭議中喪生的人）不得不因為錯誤的想法死亡之前，搶先一步讓錯誤的想法死亡。

一個更美好的世界
是可能的……

我們說好今天要來聊聊「夢想一個更好的世界」。你怎麼看呢，這是否只是個「夢想」，還是說一個更美好、更公平的世界確實是可能的？

我深信一個更美好的世界不但是「必要的」，而且也是「可能的」。如果我不認為人類能夠持續改善生活條件，我就不算是個人文主義者，而是個犬儒主義者。

犬儒主義者就是認為，人類要不是不必改善這個世界，不然就是根本無法改善這個世界，對吧？

在第一種情況裡，犬儒主義（cynicism）是由於缺乏同理心而產生這樣的結論，在第二種情況裡，則是由於缺乏想像力。

因為他們無法想像更美好的世界是什麼樣的嗎？

正是。許多人雖然懷抱著崇高的理想展開成年後的人生，但很快就心灰意冷，得過且過地接受「卑劣的現實社會」，卻沒有能力描繪出可行的替代方案。不過這樣的態度倒也輕鬆，因為一個人若是認為反正沒有機會改善種種弊端和缺陷，他就有很好的藉口完全不必動手去改變！這樣就可以跟自己的無奈和平共處。

我之前在你的書櫃發現有本名叫《好耶，我們投降》（*Hurra, wir kapitulieren!*）的書，是不是就在講述這種態度？

是的。作者亨利克‧布羅德（譯註：Henryk M. Broder，著名的德國記者和作家）在書裡抨擊西方社會面對伊斯蘭教對自由的仇視，居然選擇投降。雖然我不全然同意布羅德的想法，但也有不少論點是十分贊同的。

很要命的是，「樂於姑息」的態度不僅出現在對待那些落後的宗教觀念，同樣也出現在全球飢荒問題和經濟帶來的生態影響等問題上。我們似乎成了「開心的破產者」，寧願在認真面對更重大的挑戰之前趕緊先放棄，尼采曾把這種「故意的無能為力」說成是墮落的明確象徵。

「墮落」（dekadenz）這個詞彙現在常被政治人物拿來使用，但我不是很清楚那是什麼意思……

這個詞彙是源自於拉丁文的「decadentia」，指的是某個社會或文化的衰敗或沒落。在史書上，它最早被用在講羅馬帝國的衰亡。隨之而來的文化殞落，我們則可從妳出生的城市──特里爾的歷史清楚看出。在西元四世紀時，這個城市擁有許多大型宮殿、學校、圖書館、劇場、游泳池、三溫暖和極具藝術價值的雕塑與馬賽克。過了兩百年後，所有的這一切就再不復見，當時的人彷彿一下子重回一千年前的生活。他們的房子變成棚屋，再也沒有任何衛生設備，更遑論重要的藝術作品，幾乎沒幾個人能夠閱讀與書寫。

你覺得這樣的文化崩潰未來有沒有可能再發生？

我們不能夠完全排除這種可能！過去的啟蒙者不幸得出一個錯誤的結論，他們相信，唯有「更好」才是「好」的敵人，因此人們必然會朝更人道、更開明的方向前進。遲至納粹所造成的文化災難起，我們這才明白，就連「更糟」也是「好」

的敵人。

我們必須了解並不存在什麼「自動進步機制」，歷史也沒有預先設定好的「快樂結局」。相反地，所有在過去必須拋頭顱、灑熱血而取得的偉大成就，像是藝術自由、新聞自由、言論自由等等，如果我們沒有勇氣堅決捍衛它們，一樣也可能再度失去。

如此說來，世界不只可能更美好，也可能更糟糕……

事情往什麼方向發展，這全得看我們自己的決定。所以人類選擇向這個時代的一些大問題投降，可說是相當要命，特別是其中有些問題非常急迫，不容許我們在提出解答上稍有遲疑。

一個例子是極度貧窮所帶來的可怕後果。妳可能曉得，每天全世界有將近三萬名不到五歲的幼兒夭折，也就是在我們兩個討論「生命的意義與無意義」的同時，已有成千上萬的幼兒喪生，一年下來，整個數目將高達一千一百萬人！他們多半是死於營養不良，有的則死於衛生條件欠佳、醫療資源缺乏，或是淪為內戰的犧牲品。

這真的很可怕，我們能做些什麼呢？

就長期來說，唯有世界經濟體系長久轉型，還有那些被腐敗的菁英或無良的獨裁者所控制的發展中國家能在結構上有所改變，才會有幫助。然而，就數以百萬計的人命正面臨嚴重威脅而言，根本無法只倚賴這種緩不濟急的長期策略。我們迫切需要國際性的援助計畫，能夠立刻趕赴現場抒解最嚴重的困境。

在世界上最貧困的區域裡不是已經有許多援助計畫了嗎？

當然，只不過總體說來，在祛除極度貧窮的詛咒上，國際社會必須要再加把勁。根據統計，在二〇〇一年時，人們共投入了一二四〇億美元的援助金額，藉以確保沒有人會死於營養不良。對照另一個統計數據：光是在一九九九年，美國人單單為了消費酒精飲料，就支出了一六〇〇億美元。

你現在不會搖身一變成了禁酒主義者，規勸大家「不喝酒、救世界」吧？

不，當然不是！我想指出的是，我們完全擁有可以戰勝極度貧窮的經濟資源。在二〇〇〇年於紐約舉行的聯合國「千禧年高峰會」（Millennium Summit）上，聯合國提出了所謂的「千禧年發展目標」（Millennium Development Goals），到二〇一五年前得要達成以下幾個目標：將挨餓的人口比例（目前為數約有七億人）減半、確保全球的男童和女童至少都能完成初等教育課程、將五歲以下兒童的死亡率降低三分之二、遏制瘧疾和其他重大疾病的蔓延、將無法持續獲得安全飲用水和基本衛生設施的人口比例減半（目前為數約有十億人）。

然而，到目前為止，我們實在看不太出來這些發展計畫有機會達成……（譯註：**本書的德文版出版於 2011 年**）

你認為問題出在哪呢？

有一部分是出在貧窮國家本身的政策錯誤，有一部分則是出在世界經濟體系的條件，這些條件讓發展中國家很難取得經濟的立足點。此外，富裕的工業國家袖手旁觀也是原因之一。為了資助千禧年計畫，各國每年必須挹注將近一八〇〇億美元，比目前投入的金額要多大約八〇〇億美元，可是政

治人物顯然對此興趣缺缺。

有鑑於空空如也的國庫，大家或許能夠體諒這一點……

或許吧，所以哲學家彼得‧辛格不久之前所提出的建議十分值得考慮。辛格認為，不只工業國家有責任，就連工業國家裡有錢的公民也都負有責任。根據他為對抗世界貧窮所提出的「捐助公式」，年收入在十萬五千到十四萬八千美元的人，應該捐出年收入的百分之五；年收入在十四萬八千到三十八萬三千美元的人，應該捐出年收入的百分之十。至於最頂端的、年收入超過一○七○萬美元的超級富豪，則應捐出年收入的百分之三三‧三三。辛格還根據這項公式，計算美國應該捐助的金額，最後得出了四七一○億美元這個驚人的數字！只要這套方法有效執行，極度貧窮的問題就能徹底解決。如果把辛格的公式繼續套用到其他的國家，每年甚至可以籌措到一‧五兆美元，足足可以大幅改善全球的生活條件。

憑藉這筆資金，我們（理論上）可以肯定，再也沒有人必須生活在沒有尊嚴的環境下。我們可以長期投資改善教育，透過改變體制結構來減緩人口的增長，強化在戰爭區域裡的經濟發展，降低生態破壞，防止像社會國家主義或基要主義之類的社會瘟疫蔓延。

這一切都很美好！可是，要這世上的有錢人捐出他們一部分財產，這種事情真的行得通嗎？

妳不妨想想比爾‧蓋茲（Bill Gates）。這位微軟公司的前老闆與他的妻子梅琳達（Melinda Gates）共同創立了迄今世界規模最大的私人基金會，他們的基金會在協助發展這個領

域裡做得非常成功。蓋茲打算在去世之前，將自己百分之九十五的財產，全都捐做公益之用。大投資家華倫‧巴菲特（Warren Buffett），同時也是當前全球第三富有的人，同樣也打算在往後幾年裡，將百分之八十五的財產贈送給慈善基金會，而他的遺產百分之九十九也都要投入公益用途。

這很棒！但蓋茲和巴菲特只是值得讚美的例外吧？

對也不對。不久之前，他們兩位聯手發起了名為「樂施誓約」（The Giving Pledge）的運動，在前八週就獲得了廣大的迴響。二〇一〇年八月，四十名美國的億萬富豪發誓，至少會將自己的一半財產捐出做公益。所以，有錢人並非都不願意捐出自己的部分財產。

好吧。不過，他們這麼做也是有前提的吧？我的意思是，那些追隨比爾‧蓋茲且捐出數十億美元的人，可以藉此博得大善人的美名，而他們也很清楚自己這輩子根本用不到的鉅額財產可以做多少好事。

可是對那些年收入「只有」十三萬美元的人來說又不一樣了。他們根據辛格的公式必須捐出六千五百美元，但一來無法藉此大舉提高名聲，甚至還會懷疑自己那「一點點」的捐款，到底能有多少用處⋯⋯

呵呵，六千五百美元絕對是有幫助的，例如我們可以讓一萬三千個因白內障而失明的人重新恢復視力，這對發展中國家的人民來說是非常重要的事情！我也不否認妳的反駁當然也言之有理，小咖捐助者往往得不到像大咖捐助者那麼大的社會光環。此外，妳點出「如果人們能夠具體看出自己的捐助會有什麼正面成果，會比較願意捐款」，這也是對的。先

前我們曾經提到過的「抽象化的面紗」，其實不只會覆蓋在殘酷的事物上，也會遮掩「利他行為」所帶來的正面影響。這方面有一些有趣的研究。舉例來說，如果一個人只曉得「某個兒童」所遭遇的苦難，他會捐得比較多，金額勝過他被告知世界上還有成千上萬的兒童也面臨類似的苦難。甚至是，比起聽到捐出某個金額就有「十或二十個兒童」能獲救，我們更樂於聽到會有「一個兒童」因此獲救，也更願意捐出同樣的金額。

這也未免太錯亂了！

是啊，但人心就是這麼運作。長久以來，抽象的數字就不如個別、具體的命運能夠觸動我們。「集體責任」的抽象化，甚至會更強烈地降低捐助的意願，因為我們會認為「個人」當然不必對世間的苦難負責，而且僅憑一己之力也無法消除那些苦難。

這種情況下，我們照理來說只能一起合作達成目標，然而只要每個人都認為，「自己一個人」根本無法改變世上的弊端和缺陷，集體社會也將無法做出任何改變。大家都會寧可把事情留給其他人去做，同時只要別人不做，自己也什麼都不做，於是一切還是保持不變。

所以，唯有當一個人見到許多人都在動手時，他才會願意跟進囉？

正是。而這也讓彼得·辛格的建議變得耐人尋味，因為他沒有把責任推給抽象的機構，而是賦予我們每一個人。在 thelifeyoucansave.com 這個網頁上，人們可以發誓遵守這個辛格所建議的捐助公式，從自己的收入中提撥相應的比例捐給

某些計畫，幫助那些生活在極度貧窮中的人。

你自己有上網參與嗎？

有，只不過身為收入微薄的自由創作哲學家，我的捐款數字當然不怎麼吸睛。如果想要成為一個財力雄厚的金主，我恐怕得改行了。

除了你以外，目前大概有多少人參與這項計畫？

很遺憾，人數並不算多，我們可以立刻上網瞧一瞧……和我想的一樣，還是不超過七千人。（譯註：2018 年 7 月底人數增加為近二萬人）

這真的不多耶！

是啊，照這樣下去，我們肯定無法匯集到解決全球苦難所需的資金。如果社會大眾無須先主動同意捐助公式的各種條件，而是頂多只能「主動地反對」，我想情況自然會完全不同。

你的意思是？

讓我用器官捐贈的例子來說明好了。在鄰國的奧地利，採用所謂的「反對原則」（widerspruchsregelung），這代表他們會假設「每個」在那裡死亡的人都是器官捐贈者，只要那個人沒有明確地表示反對，或是在非器官捐贈者名冊上登記。相反地，在我們德國採用的則是「同意原則」（zustimmungsregel），也就是只有明白表示同意捐贈器官的人，才是器官捐贈者，這導致國內有許多急需器官移植的人白白浪費時間在等待。雖然有高達三分之二的德國人支持捐贈器官，但只有百分之十七的人擁有器官捐贈卡，這會造成什麼後果可想而知……

所以你贊成德國同樣採取「反對原則」囉？

沒錯。如果其他人可以依靠那個器官活下去，你卻把那個器官帶進墳墓裡腐爛，這絕對是不道德的！「道德的決定」（也就是捐贈器官）應該是「普遍的情況」，而「不道德的決定」（也就是拒絕在死後捐贈器官）則應該是「例外的情況」。

而你認為這也該適用於辛格所提出的公式？

是的。一個富裕的人如果是能夠毫無問題地負擔「世界發展捐款」，那麼他選擇對解救世界的苦難毫無作為，同樣也是不道德的。在這裡，「道德的決定」（也就是捐出相應的收入）也應該是「普遍的情況」，「不道德的決定」（也就是未提供協助）則應該是「例外的情況」。辛格問得很對：「如果我們期待一個賺三十八萬三千美元的人，捐出收入的百分之十，只用三十五萬一千美元過生活，這會太過分嗎？」

我同意這的確不算過分。不過，你提出不少激進的要求，我很詫異你居然完全沒有攻擊那些收入最多的人。如果在一個社會裡人人的收入都大同小異，這個社會不會更公平嗎？

這並不必然。因為妳必須考慮到，如果大家的收入都一樣，就沒有能夠激勵眾人實行特殊表現的重要刺激。

你是想要說，所有的有錢人都有某些特殊成就嗎？

不是。有些人只是讓「他們的錢去工作」，仔細想想，這是非常荒謬的想法，妳見過哪張鈔票會因為辛苦工作而流汗的？

不可能有這樣的鈔票吧！

沒錯，因為帶來真實成果的一定是人，金錢本身完全沒有生產性。可惜在過去幾十年裡，貨幣經濟大舉脫離了實體經

濟，如今已經是個「財富創造財富」的時代，而非在現實生活中生產或消費的那些東西。我們迫切需要調整方向，讓現實生活中的實際成果，能夠獲得比股票市場裡短期投機更多的報酬！目前的情況可說是一整個走偏了。

我曾把目前的經濟體系比作大富翁遊戲。在遊戲中，最好的街道和旅館從一開始就落入某些玩家的手裡，這不但非常不公平，也降低了大家積極參與遊戲的樂趣。因為某些玩家是每走一圈就會越富有，其他玩家則是越走越窮，經濟是不能夠長久這樣運作下去的。

所以我們應該注意，從一開始就把牌多多少少分得平均一點？

沒錯。這也是「機會均等」概念所要表達的，每個人都應該有充分利用自己人生的機會，所以如何為每個人創造出盡可能公平的起始條件就很重要。就這點來說，不管是在全世界或是在德國這個相對富裕的社會裡，都有多到嚇人的事情要做！我認為「創造機會均等」必然是這個時代的核心政治目標，不過我們不能把「機會均等」與「絕對的社會平等」這種幻想混為一談。因為，「絕對的平等」唯有憑藉獨裁手段，以人類不斷努力奮鬥得來的自由為代價，才有可能創造得出來。

為何？

因為人類天生就是不平等的！如果想讓人類平等，就硬把大家塞進同一個模子裡，這等於是對身為不同個體的人施加暴力。人們擁有不同的天賦，因此提供不同的服務，這些服務則由他人做出不同的評價。某些能力在我們的社會裡受到高度看重（例如足球員的控球能力），另一些能力則乏人問津

（像是總結哲學問題的能力）。如果考慮到這一點，我們就會明白，即使在完全相同的起始條件下，社會不平等也會很快形成，最終表現在收入差異上。然而，這真是一個問題嗎？例如足球明星米歇爾·巴拉克（Michael Ballack）賺得遠比我多得多，這是不公平嗎？

他賺得多的確沒問題！可是，為何非得多那麼多呢？

和其他每個人一樣，米歇爾·巴拉克所賺取的是市場提供給他的。如果下一回他在延長合約時表示：「感謝你慷慨的出價，但這真的太多了，看看施密特——索羅門先生賺得比我少那麼多！所以從現在起，我只打算收十趴的薪資就好。」這難道不會怪怪的嗎 ?!

這不只怪怪的，還很瞎！

沒錯。我們必須接受不同的服務有不同的需求，也因此會得到不同的報酬。在我看來，這種收入差異並不必然牴觸正義的原則——至少，只要確保每個人都能獲得充分的基本照顧，賺得多的人能運用他們的資源回饋社會，就不會牴觸。如果我們硬是要阻止這些人透過自己的能力獲利，不但會抑制他們努力的動機，還會製造出更多的不公不義。畢竟，給予不一樣的績效同樣的獎勵，這並不公平。想想，如果有位奧運選手在比賽中跳了九米遠，但他必須跟另一位只跳了七米遠的選手共享金牌，他肯定會去抗議……

是沒錯，但你的說法我還不是真的很明白。一方面你說，我們不該為自己的成就感到驕傲，因為沒有人的特殊天賦是自己挑的。可是，另一方面你卻又接受，這些能力可以獲得截然不同的獎勵，這兩者擺在一起難道不會怪怪的嗎？一個人不管是名聲還是

財富都滿載而歸，另一個人卻是兩手空空，雖然都得歸因於個人無法控制的因素……這不公平吧？

　　妳說得沒錯，這確實很不公平！我們既無法挑選基因、秉賦、身體和心理的感受性，我們也無法挑選出生的時代、文化、家庭和生活環境。誠如我所說過，有些人很幸運在「人生樂透」中抽到了夢幻大獎，其他許多人則沒有這麼幸運。遺憾的是，我們永遠無法完全消除這種「人生的不公平」。除非從今以後，我們放棄自然繁衍，所有的人都用複製的，創造絕對相同的生活條件；然而由於許多原因，這卻是不可取的做法。我們只能盡力設法彌補這種不公平所造成的不成比例的艱難困苦。

這需要社會上成功的成員伸出手來幫助沒那麼成功的成員。

　　沒錯。正是在這個脈絡中又再度涉及到了驕傲的問題。因為，相較於一個人明白，自己的成功得感謝許多幸運的偶然，一個人若是認為自己的成功只是因為他那「好棒棒的自我」，他就比較不會以團結的態度去對待所謂的「魯蛇」。「自己的幸福都是由自己打造」這種時下流行的意識形態，合理化了窮者的貧窮與富者的富裕。唯有當我們拋棄這種「贏家」在社會遊戲中凌駕「輸家」的「驕傲的自以為是」，我們才有足夠的動力去創造能讓每個人盡情揮灑自己人生的公平條件。

你認為我們兩個在有生之年能見到這樣的世界嗎？

　　不，我們頂多只能貢獻一己之力，讓這樣的劇情發展更有可能成真。我認為這是一個完全值得為它而活的目標。

我們怎麼又回到「致力於更重要的事情」與「生命的意義」這些

問題上了啊？

　　妳的腦袋滿清醒的嘛！我相信沒有比加入「讓世界更美好、更人道、更值得生存」這場歷史悠久的大規模人類「解放運動」，會更適合「一個有意義的存在」。也就是說，如果妳以這種方式來行事，妳的行為不但是道德的，也幫了自己很大的忙，因為妳將直覺地感受到，活著並不是沒有理由的，人生也並沒有白過。妳所留下的正面影響，將比人生中製造出的垃圾更多。

　　妳的存在會變得有意義——雖然不是對「上帝」、宇宙或「其餘的萬事萬物」來說。但是對於妳的同類，那些和妳一樣面臨著「在無意義的浩瀚宇宙中創造一個有意義的小島」這項巨大挑戰的人，確實是有意義的。

嘿，這聽起來頗像一段結語！

　　的確，也許我們該就此打住，妳認為呢？我們不該把讀者的耐心操過頭。

沒問題。嗯……所以就這樣了？

　　是的，我想就這樣了。

總是感覺有點遺憾，這還挺好玩的！

　　我也有同感！

或許有朝一日我們還能再來個續集？

　　可以啊。在那之前，妳不妨再去讀些書，檢驗一下我跟妳講的那些「關於生命的意義」是否是在胡說八道。

你是亂講的嗎？

　　就我所知不是，但我畢竟不是無所不知！

有道理。話說，你上一本書的結尾怎麼能寫得那麼棒？你寫說，

你「只是隻脫毛、汗足、有雙下巴傾向、資質平平的乾鼻猴⋯⋯」
我讀到這一段時整個大爆笑！如果你不介意的話，我還可以再多
寫一些特質作為結尾。

　　妳真是好心！不過我想我們還是免了吧！

更多關於作者及本書內容之資訊（包括延伸閱讀與相關連結），
請上以下網頁查詢：

　　www.leibniz-war-kein-butterkeks.de

國家圖書館出版品預行編目 (CIP) 資料

哲學，可以吃嗎？：培養高手思維的基礎讀本，拒絕讓別人的常識
　成為你的常識 / 米歇爾‧施密特—索羅門 & 莉亞‧索羅門著；
　王榮輝譯 . -- 初版 . -- 臺北市：遠流，2018.10
　面；　公分

譯自：Leibniz war kein Butterkeks：den grossen und kleinen Fragen der
　　　Philosophie auf der Spur

ISBN 978-957-32-8356-0（平裝）

1. 哲學　2. 言論集

107　　　　　　　　　　　　　　　　　　　　107014503

哲學，可以吃嗎？

培養高手思維的基礎讀本，拒絕讓別人的常識成為你的常識

作者／米歇爾‧施密特—索羅門 & 莉亞‧索羅門
譯者／王榮輝
總編輯／盧春旭
執行編輯／黃婉華
行銷企畫／鍾湘晴
封面設計／江孟達
內頁版型設計／ Alan Chan

發行人／王榮文
出版發行／遠流出版事業股份有限公司
　　　　　地址：臺北市南昌路二段 81 號 6 樓
　　　　　電話：（02）2392-6899
　　　　　傳真：（02）2392-6658
　　　　　郵撥：0189456-1

著作權顧問／蕭雄淋律師
2018 年 10 月 1 日　初版一刷
定價 新台幣 380 元

yℓib 遠流博識網
http://www.ylib.com
E-mail: ylib @ ylib.com